失控的心靈

莎賓娜・維瑞・封・李蒙——著

Das geheime Leben der Seele

Alles über unser unsichtbares Organ

by Sabine Wery von Limont

彭意梅——譯

那些讓我們焦慮、恐慌、憂鬱、自戀、上癮、偏執、過勞、依賴症、強迫症、社交恐懼、歇斯底里的運作機制與應對策略。

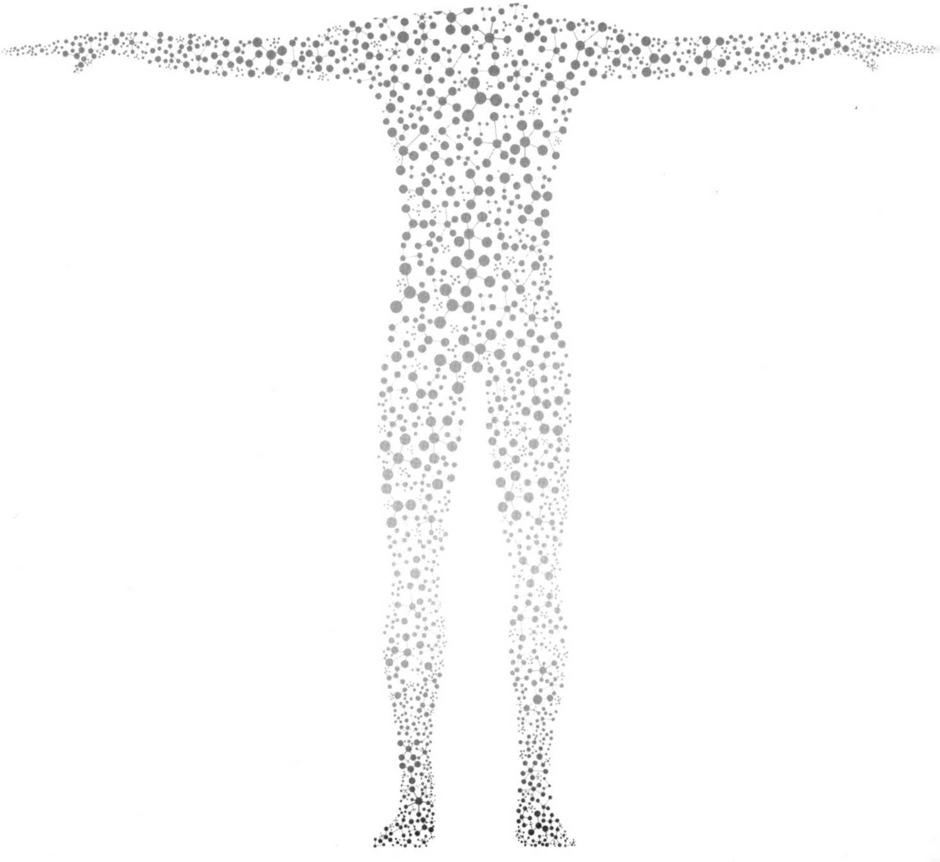

推薦序

迷航小宇宙，尚待維修中

郭約瑟

據說我們所生存的宇宙擁有一千億個銀河系，每個銀河系當中又有一千個太陽系，恰巧我們每個人的大腦中也存在一千億個神經細胞。事實上神經細胞顯像的形狀，跟哈伯望遠鏡所呈現的銀河系圖像相當雷同，這真是個巧合嗎？因此，我們每個人似乎都頂著一個小宇宙在過日子，可見大腦系統是非常複雜地運作著。幸好，靈巧的大腦有各種自動控制系統，包括電傳導、化學訊息、內分泌等，而且都是潛伏低調地運行著，我們身為主人，無意外的話，只需自由自在地發號施令，就能輕易駕馭，並不需要理會這龐雜繁複的流程。

只是生命卻充滿意外，降生為哪對情侶的子女，他們的遺傳基因、社經條件如何？是否彼此相愛或只是意外受孕？胎兒時期就必須一起與母體共同承受內外交迫的壓力，出生、成長、教養環境等是否順遂，還是必須面對層出不窮的天災人禍，因而吃盡苦頭，甚至身心受創。種種複雜的因素加總起來，會決定這個小宇宙會長成何種模樣、如何運行？或是形成哪類型穩定的人格特質？當然，也因此每個人都發展成為獨特的個體，讓整個地球呈現繽紛多彩的模樣。

每個小宇宙的命運，都會承受整個環境的影響，難免迷航，據國際的研究資料顯示，一個人會罹患精神疾病的終生盛行率將近百分之三十，可見要在地球上順利運行並不是件容易的事。其中最常見的精神疾病就屬焦慮症與憂鬱症，在台灣的統計，從一九九〇至二〇一〇年，這樣常見的精神疾病盛行率二十年來從百分之十一點五升高到二十三點八，相應的離婚率、失業率、自殺死亡率都同步增加到二至三倍，有趣的是，這段時間的國家 GDP 也同步增加二至三倍。可能解釋的原因，包括貧富差距拉大；在平均薪資變化不大的情況下，人民用家庭幸福及身心健康來增加財團與國家的財富；文明病導致三高等慢性病，進一步惡化身心健康；忙碌、社群網站的興起，導致「天涯若比鄰，但更常是比鄰若天涯」，人情日益淡薄，孤單成為常態。

一不小心成為迷航小宇宙（失控的心靈），怎麼辦？作者使用詼諧的筆調，將複雜難懂的腦神經科學，非常簡單扼要寫下的這本書，可以稱為小宇宙運行圖譜或操作手冊。深入淺出地介紹大腦各種結構、功能與運作模式，特別是主司情緒調控的邊緣系統（第一章）；追求平衡的人格特質，最終卻可能形成失去效能的人格障礙（第二章）；此外，也讓我們瞭解到底可能出錯的系統何在？會出現何種病兆？特別對常見的精神疾病，以及常與心理因素習習相關的身體疾病，稱為心身症等，都有詳盡的介紹，甚至有清楚的案例說明（第三及四章）。也清楚交代平時針對大腦該如何保健？故障了又該找誰維修？如何維修，甚至叮囑需要定期回廠保養（第五章）。

有關「情緒腦——邊緣系統」，事實上透過老鼠活體的大腦研究結果，可以發現情緒腦區的運作流程，可簡單比喻成駕著雙馬的馬車。腹側被蓋區（ventral tegmental area）有如野馬，舞動逸樂人生；杏仁核（amygdala）是戰馬，掌管戰或逃；伏隔核（nucleus accumbens）是那加速逸樂的馬鞭，左韁核（lateral habenula）則是勒住野馬的韁繩；前額葉中區、聯同海馬迴（hippocampus），則是駕車的雙手，牽制著韁繩、掌握著馬鞭，節制慾望、安撫憂傷，平衡顛簸的人生旅程。

當然，這僅只是哺乳類共有的「情緒腦——邊緣系統」，人類大腦的複雜度遠勝於此。舉個簡單的例子，右腦前額葉腹側區，可稱為人類特有的自苦腦區，其中隱藏各自的斷崖（苦惱）、守護的祕密與意義，它常如此運作：「緊勒野馬繮繩、縱放戰馬奔騰，讓主人總是繃著膽苦的臉，僅容嘴角閃過一絲的上揚。」如果你看過電影《小丑》主角亞瑟・佛萊克的表情，必定能夠心領神會。

如何修復劇中小丑的情緒腦，精神科醫師及心理治療師總是會有許多法寶，除了建立穩固的信賴關係、治療儀式、治療技巧，也必須善用患者的個人優勢能力與社會資源。簡單來說有三類主要的有效治療模式，包括一、物理治療：如針對大腦前額葉等腦區進行重複穿顱磁刺激（非侵入性）；二、化學治療：如各種研究有效的抗焦慮劑、抗憂鬱劑、抗精神病劑，甚至是作者書中提到醫療用的K他命等；三、心理治療；如認知行為治療、精神分析取向、人際或正念相關的治療模式等，還有作者特別提到的眼動減敏法、圖像重寫和再處理療法。這些療法常須合併使用，更能確保療效。

作者也特別點出很重要的「心靈保鑣」，也就是對心靈健康有益的保健資源，包括相愛穩定的夫妻及家庭關係、團體的支持、靈性及信仰、冥想和瑜伽等，這些都是需要經營與努力培養的資源。此外，作者也提醒大家，我們常常重視看得見的食物營養與衛生，卻常常忽略心靈所攝取的食糧，即五官的資訊來源的純淨與否，經常暴露在有害的資訊內容（色情、暴力、傷害、誘惑、謾罵），以及爆炸的資訊流量當中而不自知。

有幸能搶先閱讀文稿、並樂於推薦，閱讀過程中除了欣賞作者豐富的學識、優美的文采之外，或許每個人都會有不同的體會，以下則分享我自己的感想。

「有人可愛有事可做，有望可盼；
簡樸知足不相較勁，心能常安。」
「人生苦短，如幻影閃動；
勇敢去愛，如同初戀；
自在地跳舞，旁若無人。」

（本文作者為羅東聖母醫院前行政及社區醫療副院長、
精神科資深主治醫師、靈醫會之光總編輯）

推薦序
罹癌心理師的身心醫學智慧

張立人

本書作者莎賓娜．維瑞．封．李蒙，是一位「受過傷」的心理治療師。原先在大學讀企管的她，陷入生涯方向的迷惘，在畢業前放棄了學位。後來經歷離婚的壓力，禍不單行地發現自己罹癌！住院治療時，她決定攻讀心理學，結合早先企管的訓練，成為德國知名的職場心理治療師。

她提到知名女心理學家夏皮羅（Francine Shapiro），也因罹癌面臨生命危機，無意間發現只是動動左右眼就能立即改善情緒，因此創立了眼動減敏療法（EMDR），成功用於創傷後壓力症的治療。

封．李蒙心理師協助許多和她一樣遭逢生命危機，為各式心靈症狀所苦的患者們，讓我想到榮格所說：「只有受過傷的人，才真正會醫病。」

她就像心靈的偵探，挖掘造成患者痛苦的深層原因。她一再發現：童年創傷經驗，決定了成年人的心靈世界。

確實，美國費利提（Vincent J. Felitti）醫師的經典研究揭示：兒童期重大負面經驗達到六項或以上者，和沒有重大負面經驗的兒童相比，前者得到肺癌機會為三倍，心肌梗塞機會為三點五倍，平均壽命為六十一歲，較後者的七十九歲而言，足足縮短十八年壽命！

這印證了英國詩人華茲華斯（William Wordsworth）的名言：「孩童，為成人之父。」

封．李蒙心理師對案例的深度心理剖析，相當有啟發性，融會經典的神經心理學研究、神經科學的最新進展，以及格外難得的，身心醫學（Psychosomatic medicine）。

她指出，坐在家庭醫生診間外候診的德國民眾，有百分之二十至四十是白坐在那的。她評論：「因為他們的問題不是出在身體，而是心靈。身體只是提供了舞台，讓心靈疾病在那裡演出。」

台灣的患者不也是如此嗎？

一位粉領族困擾於肥胖，會這樣問醫生：「我肥胖是因為沒有時間運動，有沒有強效的減肥藥呢？」

中年男性主管得到肝硬化，會這樣問醫生：「肝不好都是遺傳害的，我明明都有做健檢，為何還是肝硬化？」

麻煩的是，醫生和患者共謀的想法是：「這些就是生理疾病，跟心靈八竿子打不著。」

當醫生具有身心醫學概念，將發揮調查局幹員的精神，深入探究會發現：這位年輕女性肥胖是因為職場人際衝突帶來了焦慮，用吃來處理壓力，發展出對食物的成癮行為，出現減重和總是復胖的循環；肝硬化的中年男性長期酗酒是為了處理婚姻壓力與絕望感，直到酒精摧毀了肝臟。

她探討工作倦怠（Burnout），這在二〇一九年被世界衛生組織納入最新版國際疾病分類（ICD-11）中，因無法成功處理職場慢性壓力所導致，有三大特徵：感覺精疲力竭、對工作感到冷漠、出現否定或嘲諷，以及專業效率降低。上班族每日的嚴重疲憊、無法入睡、情緒低落、易怒、頭痛、背痛、注意力不集中、記憶障礙等，這類「腦疲勞」現象可導致一連串嚴重心理、生理疾病，甚至死亡，在我《終結腦疲勞！台大醫師的高效三力自癒法》一書也有充分闡述。

封．李蒙心理師觀察工作倦怠者有「全力一搏」的傾向，來自於不被滿足的基本心理需求，將工作與成就當成修補受損自我價值感的工具，內心基本假設是：「如果我不盡全力，就一文不值」，或「如果我偷懶，就不會有人愛」。她對職場心理的精闢解析，屢屢令我感到驚艷。

在身心醫學的廣大疆域裡，她還鑽研「心理心臟學」（Psycho-cardiology），台灣醫界鮮少聽聞，但「心碎症候群」（Broken-heart syndrome）就較多專業人士聽過了，又稱章魚壺腹心肌病變（Takotsubo cardiomyopathy），心肌梗塞的患者中有百分之二是這個病因。患者處於慢性與急性的心理壓力下，高濃度的壓力荷爾蒙（腎上腺素、正腎上腺素、皮質醇）、亢進的交感神經刺激、睡眠剝奪引起的發炎，就能導致心肌梗塞、心肌病變與心臟衰竭。

在台灣，「心理腫瘤學」（Psycho-oncology）是較常被提到的，癌症患者的心理層面需要積極協助，而長期處於憂鬱的人，其抗癌免疫力明顯下降，更容易罹患癌症，要成功抗癌，絕不能沒有正向情緒。

「婦產身心醫學」（Psychosomatic obstetrics and gynecology）則著墨於經前症候群、產後憂鬱症、更年期症候群等困擾，女性荷爾蒙的巨變帶來情緒低落、易怒、疲勞等大腦症狀，而壓力、情緒與睡眠障礙，又導致女性荷爾蒙紊亂，兩者關係始終糾纏不清。

近年我致力「心理皮膚學」（Psycho-dermatology），這領域在台灣人跡罕至，但日本、美國、歐洲等先進國家早有成績，發現常見皮膚疾病，如痤瘡、異位性皮膚炎、乾癬、圓禿、心因性搔癢症、酒糟、脂漏性皮膚炎、蕁麻疹等，本身就是心身症，壓力、情緒與睡眠因素扮演要角。

當皮膚提早老化，出現斑點、鬆垂、皺紋等討人厭症狀，看似與大腦無關，其實是長期壓力與睡眠障礙的結局。肉毒桿菌注射普遍用於治療臉部皺紋，有趣的是，心理皮膚學研究發現，當重度憂鬱症患者接受了眉心與額頭的肉毒桿菌注射，憂鬱症狀竟然大幅改善！

身心醫學的各領域一再印證：真正要治療生理症狀，不能不談心理病因；相反的，要徹底解決心理症狀，也需要深究生理病因。兩千年前柏拉圖已經預言：「治療疾病時的最大錯誤，就是有治療身體的醫生，和治療心靈的醫生。兩者不可以分開。」

雖說不可以分開，但現狀是兩者分道揚鑣，過度專科化的醫療制度難辭其咎。

由封．李蒙心理師撰寫的這本書，不只是社會大眾了解心理治療堂奧的捷徑，對於台灣身心醫學的推廣，能起振聾發聵之效！

（本文作者為身心科醫師，著有《終結腦疲勞！》、《大腦營養學全書》等書）

將本書獻給所有想為生命找出另一條健康道路的人。

也獻給 Kurt Knuth-Siebenlist，我身上有他的基因。

目錄

推薦序 迷航小宇宙，尚待維修中 郭約瑟 003
推薦序 罹癌心理師的身心醫學智慧 張立人 008
前言 023
導論 發現心靈 027
閱讀指南 034
第1章 邊緣系統——心靈的住所 037
你有一則新訊息
對新事物充滿期待的多巴胺
內源性類鴉片——世界上最好的毒品由心靈調製
不只是快樂荷爾蒙的血清素
危難救星皮質醇
去甲基腎上腺素：「我會記著！」
催產素，不只是愛情荷爾蒙
與眾不同的器官
心靈依託的關係
出生比我們想的還要早開始

教育：全世界後果最嚴重的建議
回到過去尋找蛛絲馬跡
與父母相似的上一代
戰爭創傷：遲來的受害者
表觀遺傳學：基因中的恐懼

第2章　一致性原則——心靈對平衡的需求是如何形成的 093

心靈的基本需求
自我價值感：生命的基礎
依附關係：我們生命中的人
掌控和獨立自主：我們就是老闆
尋求樂趣和避免反感：求取所有的美好
我的刻板模式，你的刻板模式
為什麼心靈有點像臉書
心靈的應對策略
屈服
逃避
彌補
個性風格
人格障礙症

自戀型人格障礙症
膽怯地逃避和沒自信的人格障礙症
依賴型人格障礙症
強迫型人格障礙症
做作型人格障礙症
否定型人格障礙症
妄想型人格障礙症
邊緣型人格障礙症
如果病人覺得一切很正常
把障礙變成資源

第3章　發病——如果心靈出了問題　171

心靈的策略
防禦機制：不允許的事不應該發生
意志力：什麼時候是好的，什麼時候會帶來傷害
恐懼的神經生物學
情緒和記憶：「這我會永遠記著！」
焦慮症
恐慌發作：當恐懼登上了高峰
特定場所焦慮症：對特定地點有恐懼

社交畏懼症：害怕與他人接觸
特定畏懼症：害怕不具危險性的東西
廣泛性焦慮症：一直活在憂慮陰影下
強迫症：為什麼就是必須做某些事
強迫思考：禁忌占據了想像
安全感：為什麼生活越安全，恐懼越多

受到地獄折磨的心靈

憂鬱症：一種心理障礙，多種原因
憂鬱症的神經生物學：化學物質失調
焦慮和憂鬱：喜歡一起出現的症狀
輕鬱症：沒有四季的日子
躁鬱症：瑪莎拉蒂是你的了
產後憂鬱症：心情隨著孩子的到來變沉重
脆弱性：誘發原因和心理障礙之間的時間缺口
心靈創傷和心靈的傷口
倒敘：熱的記憶，冷的記憶
創傷後悲憤症候群
工作倦怠
上癮

第4章 身心醫學——心靈如何從身體消失 271

歡迎來到現代
情緒：「我看到你的感覺」
身體和心靈：向來合作無間的團隊
心理心臟病學中的心靈相契
我們這個時代的慢性疾病
題外話：ACE研究
衝動如何驅策我們
心靈和免疫系統
一切都是想像？
無由來的疼痛
認真看待心靈的必要

第5章 平衡——心靈如何找到支柱 305

治療：航向自己的冒險旅行
效用
渡渡鳥假設
治療元素
治療聯盟
神經細胞的可塑性

- 自我治療
- **費用：醫療保險公司和它負擔的費用**
  - 行為療法
  - 心理分析
  - 深層心理學
- **門檻：治療途中的障礙**
  - 選擇心理治療師該注意的事項
- **藥物：毒品和「快樂丸」**
  - 氯胺酮：新的萬靈丹？
  - 賽洛西賓：魔菇的本事更大
  - MDMA：對抗心靈創傷的旅程
- **治療師的專門領域**
  - 眼動減敏與歷程更新治療：影響深遠的大發現
  - 圖像重寫和再處理療法
- **提高對心靈創傷的敏感度**
- **心靈的保鑣**
  - 關係
  - 伴侶
  - 靈性
  - 信仰

冥想
心理衛生
感知
留心和享受
停止技術
結語 359
注釋 361

前言

我二十歲剛出頭時，還無法想像要修習心理學，而是選擇了較具體的科目：企業管理。這門學科有邏輯性而且簡單，我也喜歡這樣過生活。大學的企管系在三樓，心理系在五樓。「樓下是花花公子和他們的公式，樓上是瘋子和他們的偽科學！」學校裡流傳著學生們的偏見。但有時候，我非常非常小聲地問自己，也許樓上那些人學到的東西是我無法進入的世界。我問自己，他們是否知道一些關於我的事，而我自己卻一無所知。他們是否能看透我和其他人。這個想法讓我很不安，因為我其實不是很了解自己，甚至不清楚我到底真的想要什麼。無論如何，企管不是我想要的，學這個沒有帶給我樂趣。就在即將畢業前，我輟學了。

我來來回回在一些工作間轉換，與男友結婚，生了兩個孩子。但是在他們進小學前，我的離婚手續也辦好了。生活完全變了調，然後屋漏偏逢連夜雨，我還得了癌症。生活比我想像的少了一些邏輯，而且也不簡單。現在我知道了。

我和罹患相同疾病的人在醫院共度了很長的一段時間，在那之前，我從來沒跟別人有這麼近距離的接觸，看到他們的恐懼、低潮和求生策略。有樣東西引起我的注意，讓我著迷：雖然每個人都為同樣的問題奮戰，可是處理方式完全不同。

有些病人樂觀，有些則完全喪失了勇氣。有些人對每個治療選項都抱持懷疑，又有人毫無疑慮地接受每一種治療。這個病讓某些配偶勞燕分飛，卻讓某些配偶的感情比以前更穩固。我注意到，任何一種態度都可以改變。有時候只要跟病人深入懇談，他的想法就會有點不同。悲觀的人可以找回信心重新奮戰。有些人讓配偶再度靠近自己，讓看似已成定局的情況有了轉機。

我無法忘懷這些。比疾病更讓我關心的問題是，為什麼我們現在是眼前這樣一個人。為什麼我們對同一件事的反應會如此不同？一個人的生活裡要發生過什麼事，才會讓他比別人得到更多的希望？什麼讓我們有勇氣，有同理心，有信心？為什麼有人標新立異，有些人卻小心翼翼？為什麼有易怒的人、無私的人、自大的人？為什麼他們會變成這樣的人？人會一直保持原來的樣子嗎？

現在我終於找到我適合的東西，想要盡可能知道更多！我很清楚在哪裡可以實現願望。還在醫院的時候就填好了註冊資料，幾個月後站在大學的大廳裡，嘲笑自己以前的傲慢，並對自己說：「衷心恭喜妳，莎賓娜，妳現在是五樓的瘋子了。」

成為瘋子一員真的非常有趣，第二個大學學業也跟著不一樣：我吸收所有東西，全身帶勁地學習。我開始了解，心中的恐懼是在哪裡和怎麼產生的，為什麼有些人會有憂鬱症或強迫症，或者上癮無法自拔。我學到情緒是什麼，情緒如何在生活中做主導，但是也學習如何控制情緒，讓自己心平氣和。我得知經驗如何塑造人格並主導感知。

這些知識改變了我。我開始對周遭的人感到好奇，好奇什麼是真正驅動他們的因素。好像是帷幕掉下來，有多一點燈光照亮了黑暗的角落。我現在不僅看到人們**如何**應對進退，也越來越能看出，他們**為什麼**這樣做。我不再像以前一樣為了圖書館員不友善而生氣，我現在會問自己，她的生活裡一定發生過什麼事才會變成現在這個樣子。這能讓我友善回應她粗暴無禮的態度，然後，她的粗暴態度突然減少了。有時候，一個小地方就能帶動良性循環。

我學到，有些人的完美主義和權力派頭後面，是追求認同的無助。仇恨的背後是屈辱，憤世嫉俗的後面是傷害，偏見的後面是自身的恐懼。我了解到，對心靈機制多一點認知是把鑰匙，可以從根本上改變我們的生活。我們可以學習輕鬆面對困境的方法，減少屈辱對我們的傷害，也讓我們對自己和對他人都可以更寬容。

幾個世紀以來，人們將心靈看成理論性的東西。但是如果某樣東西純粹是理論，我們如何能把它當真呢？直到現在，觀點才有了急遽的改變。研究工作發掘出越來越多心靈的真實面貌，並發現過去的想法有多偏誤。心靈其實比我們的想像還要具體。它是一個器官系統，功能多得驚人。我們可以觀察心靈，瞭解它如何形成，如何運作，什麼會讓心靈生病。我們可以確定原因的所在和治療的結果。

許多問題是可以治療的。但是我們要對心靈抱有一個全新的看法，一個深入的觀點，檢視這個特殊隱形器官的運作方式，因為它全面掌控我們。我想在這裡用我所有的經驗、腦科學研究的最新認知，和一些幽默來介紹這個新觀點。每個心理治療師的標準配備中都有一個擺在桌上的面紙盒。如果你認為治療中沒有什麼好笑的，那僅是一個偏見。

導論
發現心靈

大約一個多世紀以前，一個難以捉摸的流行病遍布歐洲。因為病人虛弱、蒼白、纖瘦，這個病被稱為癆病，特別會侵襲住在大城市的居民。雖然常常致命，但是人們覺得它很**浪漫**，在文學裡和社會大眾眼中被視為帶有溫柔敏感氣質的時尚病。因為病因很神祕，沒有藥可以治癒。人們懷疑跟遺傳、地上蒸發的難聞氣味和普遍的道德淪喪有關。

然後在一八八二年，羅伯・寇赫（Robert Koch）終於在顯微鏡下看到了真正的犯人：結核桿菌（Mycobacterium tuberculosis），二至五微米大的桿狀細菌，肺結核的病原體。情況瞬間明朗：這個疾病一點也不神祕，還具有傳染性。但只要簡單的衛生措施就能很快地控制住。知道它出現的真正原因完全轉變了人們對疾病的看法，並去除了它帶有的浪漫成分。

我們常常以眼見為憑，像是顯微鏡下的細菌，或是超音波顯示出來的腹內胎兒。當它們的存在得到證明，對我們來說才是真實的。只有到這個時候，我們才會真正認真地看待。

發現肺結核病原體的短短幾年後，一位來自維也納的年輕醫生也期望能有類似突破。他想讓人**看到**造成另一波疾病風潮的原因：心靈。在人們心目中，心靈很神祕且超驗，甚至被視為不朽。只要情況還不明朗，就有很多可能性。心靈好像住在身體裡，但又不是身體真實的一部分，比較像一個沒有形狀和形體，具有自己的害羞本性。可是那個維也納年輕人的想法比較接近塵世。他確信，我們的行為、思考和感覺不能脫離我們，而且屬於我們，真實存在於腦部。對他來說情況很清楚：心靈是一個器官。至於它看不見摸不著的原因，他的看法是因為到目前為止沒有人讓大家認識它。而他現在想讓大家認識。

他解剖腦部，描繪神經束。他發現，腦細胞明顯彼此連結成網絡。他推測，情感和心理過程就在這些網絡中產生，而他想探索這與心靈的關聯。為什麼我們會感受到悲傷、喜悅、憤怒，或是心靈上的痛苦？當我們感受到激勵或幸福時會發生什麼事？為什麼會出現強迫症、人格障礙症或恐懼症——我們要如何治癒？

這個維也納人找到了流行病的線索。他確信：如果是腦部引起特定的心靈障礙，那我們必須用醫藥來治療腦部，以減輕這個問題。他花了多年時間做實驗和調查，但是最後不能證明什麼。心靈還停留在一個理論上的構想，不是真實的東西，仍然看不見且神祕莫測。

這個人因此走上另一條路，想要繼續發掘心靈的線索。他研發出一門科學，同時也是一種治療形式，並因此聞名於世。他的名字是西格蒙德・佛洛伊德（Sigmund Freud），心理分析的創始者。今天幾乎沒人知道佛洛伊德曾經是以神經生物學家的身分出道。是他自己放棄去等待原始理論可以獲得證實的時刻。

獲得證實的時刻直到今天才到來。科學家對腦的認知前所未見，而且知道的越多，他們就越明白，佛洛伊德當時雖然只碰觸到事實的表面，但是已經很接近。

心靈隱藏在用當時的顯微鏡看不到的結構裡。時至今日，科學家用掃描電子顯微鏡以放大十幾萬的倍數，將鏡頭拉進組織裡，讓我們看到心靈的精密工程。近年才出現的功能性磁振造影可以讓人做佛洛伊德夢寐以求的研究：我們可以看到腦部工作的情形，看到感知、思考和感覺。而我們看到的情形超越了任何想像。

我們對腦的知識從未如此豐富

一九八〇年代的科學家還將腦當成一個一目了然的刺激與反應的機器，今天他們稱讚腦是我們所熟知的宇宙中最複雜的有生命有機體。它由母體中的一堆細胞形成。懷孕第五週時，胎兒的手還沒有真正成形，但是已經長出了腦，很不可思議地每分鐘大約形成二十五萬個新的神經細胞。它們是小型發電廠，以後要消耗的能量是肌肉細胞的十六倍。每秒鐘在神經細胞之間會產生一百八十萬個新連結。我們不需要對它們播放莫札特的音樂，一切都自動自發。

當我們來到世上，大約有一千億神經元等待外來的刺激。每個聲響，每個撫摸，每個經驗都能喚起它們的生命。它們相互連結並形成電路。一個具有無限可能的巨大網絡等待被塑造成一個獨一無二的人格。如果把腦袋裡所有的神經細胞連成一條線，可以繞行赤道十五次。因此說人的「線路很長」（形容人的腦子不靈光，反應慢）不是侮辱，而是令人印象深刻的實際情況。

這個巨大網絡總和所產生的東西，遠遠多於我們的思考和運動機能。這裡也是情緒、目標、願望和希望的發源地，這裡發展出佛洛依德曾積極尋覓的「心靈」。我們怕蜘蛛，或是覺得倉鼠很可愛；即使沒有感覺到餓還是能吃，或是手指不停地滑手機——所有構成我們這個人一切的基礎都是在腦中奠定的。

有時候當我們對某些東西的認識比較清楚之後，就不會再害怕它，它的魔力也會跟著消失。我們可能會失望，因為心靈顯然單單起源於腦中那些灰色彎曲的細胞裡，技術上可以用醫學實驗掌握。有些人說，自從心理學家用科學測驗和量尺對心靈步步進逼，以測量心靈的智力、學習能力和反應，使得心靈喪失了神性。從那時候起它只是「心理」，中央神經系統的一個功能單位。但這仍不能減弱它的神祕。雖然我們知道的變多了，心靈卻沒有變得更實際，反而更吸引人，因為它是一個有形物質，卻創造出非物質的思考和感覺。心靈依賴腦的功用，所以我們可以觀察腦，卻永遠不會得知研究對象當下真正的想法或感覺。我們可以鑽研神經化學，卻無法完全得知強烈感受例如愛情的所有真相，或是聆聽舒伯特C大調第九號交響曲時的確切感受。

心靈不只是腦運作過程中的輸出項，也不只是科學建構的心理。它和腦有關，卻是做自己想做的事。我們可以按照邏輯鑽研它，但它始終是個大謎題。它是有機體，卻又一直很神祕。今天我們對心靈的了解前所未有，但還是無法解釋全部的現象。它有祕密，而且還有很多沒被探究的生命，心靈的生命。它很警覺，並且不斷救我們的命，安慰我們，保護我們。幾乎我們做的每個決定後面都有它的身影，因為它的反應速度比我們的思考速度快。它製造世界上最有效的毒品，組織我們的記憶，管理我們的回憶。它很完美，也很易變。它是我們的一部分，一個真正的器官。佛洛伊德就是這麼想像。

今天我們不僅看到心靈如何運作，也看到什麼會對它造成傷害。如果我們給肝臟太多毒素，肝臟會生病。心靈也會因為太多不好的經驗而生病：失敗、失望、受到拒絕對它來說就像毒素。每一個經驗都會讓我們的腦改變，因為它會讓細胞退化或新生。不間斷的不好經驗會徹底改造腦部。

但不僅是腦部，心靈也和我們有機體的其他部分連結在一起，跟免疫系統和心臟有直接的連結。例如到目前為止已有足夠的研究顯示，憤怒、生氣、悲傷和絕望能通過這個連接直接影響心臟。沮喪和恐懼會像吸菸或是不健康的飲食一樣提高罹患心臟疾病的風險。根據研究，社會上離群索居和得不到熟人援助的人，死因多半是既有心臟疾病所引發的後果。人們長久以來想在心臟上治療心臟病，但往往不見效果。如今把心靈因素考量進去後，得到了驚人的結果。

我們知道用預防措施、檢查和健康的方式來保護身體，但不應該繼續將心靈排除在外。心理上的疾病如恐懼、沮喪，或是上癮，不是突然發生的，通常在發病前已經有一段很長的痛苦史，不少時候可以一步一步追溯到出生，甚至還能超出這個範圍。

有很多病人一直到無法忍受痛苦時才來找我。人們習慣長時間忍受心理痛苦，因為我們較少認真把它們當成身體疾病一樣看待。其實在它們變成慢性疾病前，可以及早做許多措施。例如在陷入沮喪前，可以停止鑽牛角尖和中斷負面想法；重建受傷的自尊，可以免於它在心中長期抱怨；可以停止恐懼，不讓它過度刺激恐懼中心，使得有機體失去平衡。我們應該在孤獨耗損心臟之前做點事來對抗寂寞，也要在壓力攻擊免疫系統之前避免壓力。

有時候我們只會眼見為憑。這本書想要幫助大家，把心靈看得比它本身更豐富。也許少了一些浪漫感覺，但是更能令你著迷。

閱讀指南

第一章要談我們為什麼有心靈。從一堆雜亂無章的神經細胞發展出獨一無二的人格是一條漫長的路：關鍵步驟什麼時候出現，它需要搭配什麼，都在第一章。身體有需求，心靈也有需求。它能保障生存和心理健康。在第二章可以知道我們有哪四個基本需求。

內在的基本信念決定我們如何思考，如何感覺，以及如何應對進退，也就是所謂的基模。它對人格的影響可以大到罹患心理學家所謂的人格障礙症。在第二章會讀到人格障礙症是如何產生，又分為哪幾種類型。

有時候壓抑問題比面對問題容易，所有人都會這樣。但是壓抑加上不合適的策略往往是造成心靈出問題的第一步。為什麼我們那麼容易掉入陷阱是第三章的內容。

看到第三章會很清楚：心理障礙如焦慮、憂鬱症和強迫症不是從天上掉下來的，而是思考模式和問題解決策略造成的結果。如果我們不聆聽心靈的聲音，它有時候會將問題的出路延伸到全身。科學家發現，許多慢性疾病後面真正的起因是來自心靈。為什麼心臟、免疫系統和疼痛方面的疾病特別值得去仔細察看病因的理由在第四章。

對治心靈的痛苦為什麼沒有方法比心理治療更有效，而它到底如何治療，可以從第五章獲知。

第1章

邊緣系統

——心靈的住所

偶爾稍作停留、往後退一步並沒有壞處，並且問自己：我到底站在生命中哪個地方？但不是問在職涯上，或是問你是不是站在超市結帳櫃檯前最短的隊伍裡，而是非常原則性的問題：在物種多樣性中的地位。因為到處流傳著不實的資訊，而人們也深信著。例如，我們是從猴子演化過來的。但就是不能接受生物學家修改過的版本：我們不是從猴子演化過來的。我們**就是**猴子。

我們雖然有電磁爐，開車上班，頭上仍然長著普通靈長類動物的腦。說更精確一點：簡鼻亞目的腦。除此之外，我們是哺乳和脊椎動物，這也讓盲鰻和樹鼩成了我們的近親，因為從結構和功能來看，牠們跟我們有一樣的腦。

我們有營業稅法、能蓋節能的房子的原因在於大腦皮質。它是我們腦部的積極分子和機靈鬼。有些脊椎動物長出孔武有力的跑步肌肉，可以快速奔跑；有些有長長的脖子，可以吃到樹冠頂端可口的葉子。人類有大腦皮質，可以編出江南 Style 的舞蹈，或是把歐元換算成英鎊。想要知道自己有多聰明，只要看看大腦皮質層就可以了。

但如果你感興趣的是為什麼別人在你眼前搶走了停車位就暴跳如雷三小時，就得看往腦部的下一層。腦部中間深層在腦幹附近有一個很特別的功能單位：邊緣系統。

幾世紀以來，我們一直在尋找心靈的所在，最後終於在這裡找到了。至少今天的科學家是這樣認為，因為幾乎所有所謂的心靈活動都產生自邊緣系統。[1]從生物學的角度來看，我們的心靈只有幾公分大，有個聰明的鄰居，而且年紀很老很老。在演化過程中它幾乎沒有改變，也就是差不多維持了五億四千三百萬年幾乎沒變。

在這段期間，地球上幾乎所有東西都變了。恐龍的後裔成了鳥類，現在去某些火山得要繳參觀費，德國子彈列車也有了無線網路。只有邊緣系統還是跟以前一樣。大腦皮質喜歡與時俱進，偶爾要重新適應新的環境，心靈卻還是照舊。演化就像個足球教練，如果球隊的表現不太好，它會調動隊員；如果運作正常，它就會像足球教練阿爾夫．拉姆西[2]一樣維持球隊原狀，並對自己說：「絕對不要更動一個贏球的球隊。」

尋找心靈

知道我們有什麼樣的腦子有個優點：我們馬上知道做什麼對它好。大部分的人會說思考對它好，但是生物學家會發出痛苦的呻吟，並主張：出門對它好。出門一直都有風險。將近三百年前，法國哲學家布萊茲．帕斯卡（Blaise Pascal）寫過一句貼切的話：「人類所有的不幸在於他不能安靜地待在房間裡。」

帕斯卡可能不知道這句話放之四海皆準，因為不僅適用於與帕斯卡在巴黎往來的女士和先生們，也適用脊椎動物，甚至當它們還不是脊椎動物，只是多細胞生物的前身時。例如皺囊蟲（Saccorhytus），科學家直到前不久才在中國發現它的化石。

這個多細胞生物看起來是我們最古老的祖先，存在於大約五億四千萬年前。根據所有的推測，牠過著躺在地上等著食物掉下來的天堂生活。但出於某個原因，這個生活模式沒能貫徹下去，皺囊蟲必須遷徙。原因可能跟我們今天一樣：因為沒有足夠的食物可以簡單地掉進我們的嘴巴裡，帥哥美女也不會正好來按你家門鈴。

惋惜亞當和夏娃必須離開天堂的人，不應該忘了皺囊蟲，因為牠也不想離開天堂，而且後來所有的脊椎動物也都有同樣的問題：牠們居住的世界雖然很美，但是很險惡，因為我們和其他居民共享這個世界，他們也在尋找下一頓飯，也不能容忍我們和帥哥美女眉來眼去。

為了不在出門後隨即在轉角就停下來，我們有一個腦和一個打雜的人，不斷告訴我們外面世界發生什麼事，我們該如何應付。打雜的人指的是在大腦鄰近部位與貫穿全身的部位如周邊神經系統。腦其實不只在頭裡面，那裡只是一個連結點。實際上藉著觸角，也就是神經，腦分布在全身各處。骨髓和周邊神經系統不是因為還有空位所以在那裡，而是因為資訊真的是從四面八方而來，就算身體末端的大拇指踩到海膽，訊息也會快速傳到。

收集情報只是一部分工作，情報工作者也深知這點。另一部分的工作是分析利用情報。我們的腦把這項工作交給負責情緒的邊緣系統，這麼分派相當合理，因為如果是由大腦皮質接手，它的報告會是：草莓，人，單人沙發，大棕熊。但是情緒會對同樣的東西說：好吃，風趣，舒服，危險！它不只告訴我們它看到什麼，也對所見之物做出評價。

因此為了生存，情緒比思考來得重要。走過的世界裡若都是沒有意義的東西，不僅會讓人有點絕望，還非常危險。我們雖然認為情緒的存在就是為了讓我們感覺到浪漫，但是它其實是世界上最堅固的危險防禦系統，能夠耍盡各種花招以貫徹自己的任務。

它用所有最迫切的感覺獎勵有利於生存的功能：性、吃飯、家族的凝聚。而討厭的事感覺起來也很討厭：飢餓、拒絕、失去或厭惡。心靈能製造的情緒多到難以置信：吃醋、嫉妒、仇恨、憤怒。但是在這些情緒後面，基本上只是一再對兩個問題所表現出來的不同反應：

這是好的還是壞的？

我們聞到食物奇怪的味道會皺鼻子，因為它可能壞掉了。我們感受到愛，以便和一個好的基因庫待在一起。憤怒，是為了自我防衛。感受到委屈是心裡在拉警報，因為我們可能快要被排擠出團體之外，沒有了團體，我們也失去了保護。醋意和嫉妒告訴我們，我們的重要資源可能正被阻斷。我們有好奇心，因為所有學習到的東西對生存有意義。

我們會記住重要的東西，因此也替心靈省下許多工作，它不需要每次重新評估，只要比較是否曾經經歷過類似的事。我們不會在每個紅綠燈前面驚訝地問燈號意味著什麼，而是等著綠燈亮起，因為邊緣系統會回溯既往經驗，很快地認出紅綠燈。這樣比較有效率，因為速度比較快，但也導致我們對世界有相當不同的感知。戴著一副已經有經歷的眼鏡看世界，絕對不會是客觀的。

我們坐在同一家電影院裡，

卻看著不同的電影。

例如每個人對狗的反應都不一樣，視他對狗的經驗而定。如果提拉米蘇讓你感染過一次沙門氏桿菌，你就不會再覺得它好吃了。所有我們感知到的事都會受到心靈判斷的影響，而心靈的判斷受到生活遭遇的影響。我們把經驗儲存在自傳式記憶裡，這些資訊對心靈的發展很重要。

有時候我們會跟配偶爭吵新的浴室磁磚該選哪種顏色，其實這件事很沒意義，因為你想一想，不是所有人看到綠色是一樣的。

幾個世紀以來，人們認為感覺的地位低於思考，而歷史上曾有過理性時代和經濟人（Homo oeconomicus）時代。情緒怎麼說都有點怪，而且從小我們就常常被灌輸要壓抑情緒。但是，純粹用理性來衡量決定的想法證明是錯的。我們所做的每一個決定都含有很大的情緒因素，甚至大多數時候由情緒占上風。它們引導我們人類的一生已經超過五億年。它們像指南針，告訴我們該往哪個方向行動。

更仔細傾聽它們的聲音往往比壓抑更有意義，因為它們是非常可靠的探測器，知道我們正處於生命中哪個位置。情緒的力量強大，我在這裡要介紹它們的武器。

你有一則新訊息

很久很久以前，遠在脊椎動物出現之前，地球上發生一件相當奇特的事。一個細菌餓了，它吃下一個較小的細菌。但是這個小細菌沒讓自己被消化掉，乾脆繼續活在吃掉它的細菌裡面。其實它現在的日子過得比以前好，因為大細菌裡面很舒服，而且大細菌也開始過得不錯，因為它現在以小細菌製造的氫為食物。

兩個生物互補稱作共生。生活在這麼瘋狂的房東房客關係中，叫做內共生（Endosymbiosis）。**內共生理論**的信徒認為，地球上的物種之所以開始繁殖，是因為生物現在躲在一個殼裡面，把不利生活的環境隔絕在外。

如果研究沒有錯誤，這是一個兩難局面的濫觴。為了生存，我們需要一個保護殼。但是這個殼不僅把我們跟外在環境分開，也把我們跟其他人分開，所以我們從來不知道別人在想什麼。所以在消化細菌失敗之後幾百萬年，我們偶爾會在人類臥室裡聽到一個問題：「你到底快不快樂？」

因為我們住在殼裡面，只能聽別人在他的殼後面想到的答案。研究者也鍥而不捨地探索包住我們的殼後面的所有一切，也對快樂、快樂的敵人，和所有東西從哪裡來又如何運作感興趣。研究者無法幫助臥室裡沒有安全感的提問者，但是關於感覺的一切基本現象，他們現在都能做出很好的解釋。但是請注意，答案有點不浪漫。如果去問一個神經生物學家什麼是愛，他會很枯燥地回答：一切都是突觸之間神經傳導物質的訊號傳輸問題。

如果你挺住了這桶當頭冷水，就該給這個突觸之間的訊號傳輸一個機會。它其實非常有趣，而且它的基本特徵與二十一世紀的人際溝通沒有多大的差別。

常常會看到這樣的例子：我們坐在咖啡館裡，突然鈴聲大作，然後我們看到手機螢幕上顯示的消息：「他回了！我不行了！卡特琳。」朋友留的訊息。我們在魯爾區的小城，朋友在漢堡，兩地相隔遙遠，走路要三天，坐火車要三個半小時。一封簡訊幾乎是實時抵達。近二十年來我們都如此溝通，認為自己很先進。對此心靈只能露出疲憊的微笑，因為它一直以來都是這麼傳訊息的。如果有東西要我們感覺，它就寄給我們一則訊息。為了提供這項服務，它有神經細胞衍生出來的無數線路「神經元」。但是神經元並不像地下電信管線一樣固定連結在一起，它們很靈活，可以隨時跟其他的網絡連結，形成無數不同的溝通模式。我們腦袋裡面的連結數目高達上兆個，一個數字後面有十八個零。

兩個神經細胞中間一直有個小缺口叫做突觸間隙。這個缺口不像魯爾區與漢堡之間距離那麼大，但是缺口的距離必須被跨越。腦有時候用電流刺激，但大部分是用化學訊號。網路供應者用訊號在伺服器之間傳遞書面消息以跨越距離，我們的腦則是用化學訊號物質。它們是介於兩個神經細胞之間傳達訊息的化學信使，也叫做神經傳導物質（Neurotransmitter）。

米其林每年會表揚最好的餐廳。但是那些上菜的人、事後清理髒碗盤的人從來沒能站在聚光燈下。平心而論，服務人員應該更常受到讚揚。所以現在腦可以暫時退到一邊，接下來的榮譽要頒給它的服務人員。帷幕為神經傳導物質揭開，這些勤奮的感覺信使中最有名的叫做多巴胺（Dopamine），去甲基腎上腺素（Noradrenaline），血清素（Serotonin），皮質醇（Cortisol）和催產素（Oxytocin）。

對新事物充滿期待的多巴胺

腦會自己製造多巴胺，腦有自己的化學訊號物質產地，類似它的私人化學實驗室。有些在這裡調製的是全世界最強、最有效的物質。當我們躺在沙發上沒事做的時候，實驗室裡的儀器只會自顧自地冒泡泡。若是突然有人按門鈴，實驗室就會全動了起來。說到訊號物質，我們一直喜歡用「分泌」這個詞，但其實用「射擊」來形容整個過程比較貼切。因為一切發生得迅雷不及掩耳。我們還沒來得及跳起來，滿心期待地跑到門邊之前，身體裡面已經滿溢著多巴胺了。如果它沒有衝過我們的突觸，那我們還會躺在沙發上。多巴胺為自己贏得了快樂荷爾蒙的名聲，但這不完全正確。今天我們知道，多巴胺不會因為我們遇到了好事就給予獎勵，它會先喚醒期待獎勵的興致。我們衝向大門，因為站在門口的也許是個帶著蛋糕的親切訪客，也許是快遞送來從網路上購買的新鞋。沒有了多巴胺，這世界的人就不會對任何東西產生期望。

多巴胺激勵我們，帶給我們動機，不論是去開門，吃蛋糕，與喜歡的人重聚，或是拿起手機並打開臉書。我們會出門都是因為多巴胺的緣故，因為它向我們保證，外頭雖然有很多問題，但也有好東西等著我們。神經科學家也許絕對不會這樣形容，但是我們可以說，多巴胺是渴望的大使。而且有時候也會粗魯胡鬧。

我們比較少會看到這樣的新聞標題：「一群老人在城市快鐵上衝浪（乘客吊掛在車外的冒險行為）被捕」，卻比較常聽到：「青少年派對失控：一百五十人毀掉一排房子。」我們覺得年輕人比老人更愛冒險，因為年輕人莽撞，老年人沉著。實際上是多巴胺的差別。想要完成某些危險舉動的青春期年輕人會產生特別多的多巴胺，這會激勵他們再去尋找類似的情境。但是負責製造多巴胺的功能單位會隨著生命歷程改變。年紀越長，訊號物質的作用就越低。我們對冒險不再產生興趣的原因，在於受體對多巴胺的反應越來越差。

內源性類鴉片——世界上最好的毒品由心靈調製

現在回到獎勵！如果門口快遞大哥手裡拿的真是新鞋，而且就跟我們想像的一樣合腳又漂亮，腦內啡（Endorphins）就會噴射進身體，它也稱為內源性類鴉片。我們馬上會產生快樂的感覺，而且是純粹的快感。例如在性愛、冥想和按摩時，也可以從腦部獲得腦內啡。它也是一種毒品。例如海洛因基本上是一種人工鴉片，還有醫生在病人有強烈疼痛時開的嗎啡也有完全類似的作用。腦跟醫生一樣，只有在絕對必要時才會分泌腦內啡，但是遇到緊急狀況時會分泌出滿滿的劑量。

在急診室裡有時候會遇到稀奇古怪的病例，像是胸腔裡插著鐵條，被圓鋸截斷的手指。有時候受重傷的人坐在醫生前面卻沒有絲毫疼痛，那是因為身體暫時從自身的藥房提取了大量鴉片。

它不僅會在身體有痛楚時分泌腦內啡，心靈有傷痛時也會。基本上身體不會區分，只有我們自己會區分。我們是跌斷腳還是傷透了心，對腦來說其實無所謂，只要能幫得上忙它都會幫。有些心理問題很嚴重的人會下意識利用這個機制。他們故意製造身體疼痛來減輕心靈疼痛，例如用刀割劃腳或手臂的皮膚。經由鴉片分泌，他們感到短暫的舒緩。但是舒緩的感覺不會持久，很快就得再度刺激以產生舒緩的感覺。

腦內啡的能耐不只如此。有時候我們坐在沙發上想：「啊，我應該打個電話給克勞蒂亞，和她一起喝杯咖啡。」心裡想的是必須再次想到朋友克勞蒂亞，不知道的卻是：心靈剛剛送了一則重要訊息給我們。如果鴉片類物質分泌得太少，我們對社交的需求就會提高。腦內啡鼓勵我們與他人接觸，如果我們做到了，它會用獎勵回饋。[3]和人相處在一起有好處，因為群體對人類生存來說至為重要。為了不讓我們忘記，腦會用最好的毒品給予獎勵。因此，腦內啡讓我們接受並維持社會的依附關係。如果因為某些原因無法發展出社會關係，這個機制會讓人對某些物質上癮，而這些物質能讓他產生與社會緊密連結的錯覺。

不只是快樂荷爾蒙的血清素

從演化的觀點來看，幸福人生可以靠兩種途徑達成：一個是接近好東西，二是跟不好的東西保持距離。當多巴胺說：「多做一些好事！」會有另一個訊號物質給我們送來訊息：「放手吧，不要做壞事！」這個任務由血清素來完成。[4]

血清素主要是由腦製造，也可以由身體其他部位製造，例如腸。它傳輸心情、睡眠、情緒、記憶、胃口和體溫調節等訊息。在處理壓力時也扮演了一個角色。危急時，血清素發出訊號讓我們傾向什麼都不做並消極應對。如果血清素數量足夠，它會抑制衝動。如果數量不足，容易出現暴躁的行為。血清素低的人容易做出快速且沒有計畫的反應。在衝動、暴力、有攻擊性的人身上也會測出較低的血清素。缺乏血清素的人比較不能停下腳步並且安靜下來，而是會迅速產生憤怒，對周圍的人發飆。

我們常常會在雜誌裡讀到一些飲食建議，例如「多吃香蕉！」，因為香蕉含有很多血清素，會讓人快樂。話說的沒錯，但是沒效。因為香蕉裡的血清素沒有多少能夠抵達腦部。所謂的「血腦屏障」會隔絕血液中攜帶的所有可能物質，而有些物質可能會干擾準確的訊號傳輸，因此被一層厚厚的毛細管壁阻擋在入口之外。

你會覺得這個看門人有點奇怪，因為它讓酒精、尼古丁和不少毒品進入腦部，卻不讓香蕉的血清素進入。還是有個技巧可以提高體內的血清素，很多人沒有意識到自己經常在用這個技巧。腦需要一個特定建構分子才能在自己的小型化學工廠裡製造血清素：色胺酸（Tryptophan）。想要腦多生產一點血清素，我們不需要吃更多血清素，而是吃更多的色胺酸，例如南瓜子、核桃、螺旋藻（以前稱為藍藻）都有色胺酸。在許多碳水化合物含量高的食物裡，也就是所有美味的甜食裡，也含有色胺酸。所以壓力大的時候，我們喜歡大口吃蛋糕和巧克力。我們的腦會用它們來製造血清素以對抗壓力。

危難救星皮質醇

我們晚上在公園散步，突然從一棵樹後面跳出一個人影。我們的身體反應在毫秒之間成了另外一個人：瞳孔放大，心跳加速，消化活動停止，思考中斷。之前還是個在週末散步做著白日夢的人，現在卻成了一個戰士，準備作戰或逃跑。這種通過皮質醇啟動的戰鬥或逃跑反應（Fight-or-flight response）是求生存的中心策略之一。

就算平常是個心平氣和的人，一旦遇到了危險，每一個人都會在瞬間變成馬蓋先（至少在生理上）。因為身體對壓力的反應不見得一定是戰鬥或逃跑。這個反應動作中也包括僵化（Freeze），因為有時候什麼都不做比攻擊或逃跑更有用。

當邊緣系統做出這個緊急應變計畫的時候，出發點是遭遇到危險，例如說遇到劍齒虎。如今四線車道的噪音，完成工作的期限，電視上的駭人消息，或是即將到來的家庭聚會都會讓這個計畫啟動，因為我們的有機體也會把心理負擔評估為壓力。當我們感到孤單，負荷太重，或是遭受拒絕時，當我們跟人起衝突、必須應付疾病，或是調適因損失而產生的情緒，這些時候身體也都會轉變成能幫忙處理特殊情況的狀態。

嚴格說來，皮質醇不是神經傳導物質，而是一種荷爾蒙。當特定的神經傳導物質發出「Go」的訊號，就會在腎上腺皮質裡形成皮質醇。皮質醇會促進能量新陳代謝，讓我們有足夠的力量，調節免疫系統，釋放資源來克服危急情況。它也會改變心理反應的狀況。所以皮質醇是我們在緊急時的好朋友。

但是如果負擔沉重的情況經常發生或持續很久，如果壓力變成了慢性，那皮質醇會變成我們的敵人。如果身體內一直有大量皮質醇，它會攻擊免疫系統，讓我們一直處於拉警報狀態。情況最糟糕的時候，它會阻止腦部特定區域的細胞更新或是破壞這些細胞。[5]這在今天被視為憂鬱症與焦慮症的原因之一。

去甲基腎上腺素：「我會記著！」

如果有個人在公園裡從樹後面跳出來，通常我們不會說：「等等，我想先把腦袋裡的事情想完。」這個想法會突然不見，原因出於去甲基腎上腺素。這個訊號物質會阻礙我們在危險臨近時做認知上挑戰性高的任務。一點點壓力可能可以促進思考，太多壓力反而有反效果。這也是為什麼壓力大時不能好好思考的原因，因為去甲基腎上腺素正要阻止我們思考。在壓力情況下，去甲基腎上腺素認為思考不重要。

我們的能力應該盡可能保留給可以幫忙克服緊急危機的行動，而去甲基腎上腺素也讓我們做好對未來類似事件的準備，讓我們對危急事件留下特別清晰的記憶。我們絕對忘不了有人從這棵樹後面跳出來想要攻擊我們。如此一來，如果又有類似事件發生，我們心裡已經有了警惕。

事件越嚴重，記憶也就越深刻。腦這麼做很好心，想在未來也對我們發出警告。但是記憶太深刻也可能造成問題。如果有太多去甲基腎上腺素影響邊緣系統的恐懼中心，可能會過度鞏固記憶。記憶深深烙印在心底，揮之不去。即使沒有外在誘因，我們也會回想或是倒敘這些頑固的記憶。這是創傷後壓力症候群的典型症狀。

催產素，不只是愛情荷爾蒙

幾年前Google引進一個新功能Google Instant，讓網上搜尋速度更快速一點。人們在搜尋方塊裡打字時，演算法就在偵查使用者可能搜尋的項目，並且建議使用者可以繼續輸入什麼搜尋內容。有時候看Google推測人們想搜尋什麼是件有趣的事。例如才輸入「為什麼」，搜尋引擎就已經補充了「我愛你」，或「香蕉是彎的」。至於人們對催產素的期待，Google Instant也看得很清楚。搜尋引擎迅速替「催產素」補充了「噴霧劑」，「效果」，「男人」，「購買」，而且是這個排序。催產素在感知上有過驚人轉變。它長期被貶低為「女性荷爾蒙」，因為它活躍於生產過程，促使母體分泌第一口乳汁給嬰兒，特別會讓母愛充盈。也可以說，它讓我們表現出母性行為。因為如果沒有催產素，我們會想把一個對我們嘶喊半天、吐一身奶、夜裡每小時吵醒我們一次、對家務沒有貢獻的人盡快送走。但是我們的腦在生產後沉浸在催產素裡，所以我們愛這個小磨人精甚於自己的生命。

我們在二十世紀初期就知道也確認這個效果，並認為從醫學上已掌握了催產素。但其實離事實還差得很遠，因為催產素還可能插手其他情況。例如它可能是一夫一妻關係，也就是單一配偶祕密的背後原因。如果先給男人服用催產素，然後給他看配偶的照片，這個關係荷爾蒙會刺激腦部的獎勵中樞，提高了配偶對他的吸引力，因此得以與配偶維持關係，促進了單一配偶制。其實這裡又是毒品在作祟，因為愛情和使用毒品都會刺激腦部的同一個獎勵系統。這也可以解釋，為什麼在離婚或喪偶後會陷入深深的悲傷甚至憂鬱，就是因為催產素分泌不足，獎勵系統得到的刺激不夠，因此出現類似戒斷的狀態。

這件事為人所知之後，就掀起了催產素熱：這不就是所有人都在尋找的萬靈丹嗎？想要離開的男人這下就不會走了？即使身邊沒人，也讓我們感覺到依偎歸屬的感覺？用噴霧劑噴幾下催產素來獲得愛情與安全感？誰沒有這樣的夢想？不去探討失敗原因，就靠著仙丹妙藥挽救破裂的關係？

但是催產素不是依偎荷爾蒙，它也能增強嫉妒和幸災樂禍的情緒，而且不是對每個人都有同樣的作用。[6]

對大多數人都能發揮的好作用是幫助我們冷靜。如果壓力激怒我們，催產素能讓我們息怒。它是壓力荷爾蒙的對手。催產素可以降低血壓和稀釋皮質醇的濃度，讓我們再度冷靜下來，恢復良好的感覺。如果自己無法辦到，它會在我們耳邊低語，要我們尋求協助。孩子常常這樣，有東西嚇著他們或是讓他們疼，他們就找媽媽。媽媽一到身邊，催產素升高，疼痛和壓力就減輕。成年人也有類似行為：辛苦工作一天後，打電話給朋友或是得到擁抱，馬上會有舒服的感覺。很可惜催產素的分泌不是這麼簡單，釋放出多少催產素以及對催產素的反應，每個人有專屬於自己的條件。

還有其他幾個傳遞物，如乙醯膽鹼（Acetylcholine），血管加壓素（Vasopressin）或是γ-氨基丁酸（GABA）。訊號物質很少單獨上路，通常是同時湧進腦部。荷爾蒙不是獨奏的音樂家，而是在音樂會上一起工作，同樣情形也適用不同的腦部結構。它們互相強化或是減輕另一個傳遞物的效果。經過許多傳遞物合作才會產生刻骨銘心的愛情。我們畫一顆心來象徵愛情，實際上畫一個腦更合適。

但是訊號物質的作用和合作並不是一直很順暢。神經傳導物質需要一個理想的結構讓它發揮作用。該形成多少的傳遞物，它的訊息是否能傳遞得到，跟我們腦部的特性有很大的關聯，而這是一件非常艱難的工作。

與眾不同的器官

在來到世界的那一剎那，身體的連鎖反應就已經讓我們做好了獨立生活的準備。第一口呼吸讓肺部擴張，壓力改變讓左右心室中間的洞關閉起來。血液循環不再繞道胎盤，而是走自己的路，所有器官反射性地做自己的工作。我們剛剛還完全依賴母體，但是藉著所謂的產後適應，就能在一眨眼間全部自己來。我們雖然很小，但是完整無缺。有腎臟過濾血液；肝臟製造消化液並替有機體排毒，還有腸道把母乳轉換成為能量。所有器官都是完整的，只有「腦」是例外。它是唯一一個**半完工**的身體部位。DNA（去氧核糖核酸）為我們建造出完整的脾臟、胰臟和十根手指，但是腦部工程大約只完成了一半就停工了，然後說：「之後發生什麼事我也不管了。」

蓋房子碰到這種情況感覺很胡鬧，發生在人身上卻是件好事。大自然當然有考慮這麼安排的用處。對肝臟來說，在非洲或亞洲製造膽汁，或在尼泊爾的六個兄弟姊妹身上，或者在蒙古的馴鹿群裡，都無所謂。它只看從上面下來什麼，然後開始工作。但是對腦來說重點不同：它要負責讓肝臟和其他器官的活動不受干擾，它的工作是小心照顧身體。因此，盡可能熟悉自己居住的環境對它有利。在沙漠裡需要的知識與技能跟在雨林裡不一樣。腦等待我們從環境裡獲取的經驗來使它完整，好讓自己盡可能地迎合生活條件。

所以養育孩子要花好幾年的時間與辛勞，因為孩子在獨立之前必須學很多東西。了解語言、社會行為、道德、交通安全等等的基礎都需要時間。但是之後在最好的情況下，孩子能以最佳狀況適應周遭環境。如果他在大城市長大，四線道交通對他來說不成問題。如果他在雨林的環境中成長，就能在雨林中穿梭無礙。最好的情形是他們能遵守規則，受到社會化教育，可以與他人和諧相處，至少跟一個人有密切關係，讓遊戲又可以從頭開始。

心靈確保我們活下去

大自然特別讓腦有一個缺口，這不是缺陷，而是讓我們保有極大的生存優勢。把一個迷你腦袋放大來看，會發現那裡也不是一個真的缺口。事實上你會訝異，你看到的東西會比想像的還要多。五個月大嬰兒最突出的表現是把腳拇指放進嘴裡。可愛光頭下面的裝備幾乎可以勝過成年人。那裡面已經有幾十億個神經細胞，數量甚至比我們大人的還要多。但是嬰兒看完電視新聞不能跟我們一起討論，因為他的神經網連結還沒調配好。

人腦形成的最先計畫是安排大量各式各樣不同的神經細胞和突觸，然後透過周遭發生的事再產生細微的結構。從外界感受到的所有東西會引起電流活動，讓神經細胞連結在一起。神經纖維互相牽連變得更牢固，突觸彼此靠近產生聯繫。已經存在的聯繫會更穩固，不再需要的聯繫會從此消失。神經細胞形成了電路，而且越來越精準，也形成有效的突觸矩陣，而最先形成的是邊緣系統的突觸矩陣。[7]

童年時，神經束的連結鋪設特別快也特別持久，人格發展軌道在此奠定。但是這項工程不會到了某個時候就停止。小孩子常常因為這個錯誤認知成為代罪羔羊。我們一直被教導「少壯不努力，老大徒傷悲」，現在已經很清楚，我們錯怪了。神經網絡不斷改變，腦結構其實一直到生命盡頭都沒有真正完工。專家稱之為「神經細胞的可塑性」，意思是：腦一直不斷在塑造自己。讀完這個段落，你的腦已經有了新的連結，因為每個新經驗都會改變我們。所以即使活到七十歲，還是值得去社區大學學習拉脫維亞語；如果你喜歡發牢騷，還是有機會改頭換面，變成一個友善的人。我們就是為此而設計的。

這是好的一面：我們的吸收能力很好，而且依賴經驗。另外一面是：如果經驗不好，對腦也會有不好的影響。其他器官對外來的刺激大都漠不關心，但是心靈卻是一個真正的膽小鬼。我們可以把肝臟叫做唐突無禮的老女人，它還是會無所謂地繼續它的工作，分泌膽汁，替有機體排毒。我們的腦袋卻會有不同的看法：它會接收別人對我們的所有作為。喝太多酒，肝臟會生病。別人對我們說了卑鄙的話或是對我們不好，心靈會生病。不好的經驗不會很簡單地煙消雲散，它們對心靈的毒性就像酒精對肝臟一樣。肝臟的神經會壞死，新陳代謝會改變。腦也一樣。如果我們一直覺得自己是魯蛇、長很醜或是沒用處，這會改變神經網絡。電路可能會受到干擾，突觸會被破壞，例如那些受神經傳導物質影響的突觸。這表示，我們要盡可能擁有更多給予獎勵或是動機的訊號物質。訊號如果不能送到正確的信箱就無法傳遞出去。神經傳導物質的傳導決定我們是否有耐心，膽小，或是有同理心。傳導不成功，我們也許就缺乏動力，食不知味，世界失去誘人的色彩。身體沒有分泌幫助減壓的神經傳導物質，我們也許會一直很焦躁。

出生的時候，腦還是未裝修的房子，藉由周遭人們的幫助才能粉刷牆壁，讓房子完工。每個人出生已經具備了能力，例如說一種語言的能力，但是我們依賴另一個人來教。感情也是這樣，我們需要指導老師示範怎麼做。

心靈依託的關係

向日葵種子可以埋在地裡很長一段時間毫無動靜。但是當泥土溫度上升七到九度，種子就在突然之間一步接一步生長。種子外殼破裂，根緊抓泥土，然後一根莖往上鑽出地面。剛剛還受到硬殼好好的保護，可是一旦上半段鑽出土地，這株柔弱植物的命運就掌握在地表上等候著它的未來：從現在起，它就受到氣候和環境擺布。

這本書談的是心靈，不是介紹植物。但是在生命一開始，幼苗和腦確有相似之處。腦也是先長在脊髓，一種形式的莖上，從那裡開始一步步由下往上長。在脊髓之後成形的是腦幹，它可以控制心臟，主導呼吸，並調節體溫。

這是基礎，生存必備的裝備。緊接下一步是長出邊緣系統的第一部分結構，情緒中心。這正證明了感覺有多重要，對身體而言地位僅次於呼吸和心跳。所有邏輯發展還要等上很長很長一段時間。這也是有道理的，對於依賴成人保護的嬰兒而言，對成人喊叫比了解畢達格拉斯的定理還重要。因此他必須能感受，例如害怕獨處、奇怪的動物，或是不友善的面孔。其他發展則像幼小的向日葵一樣，得依賴外在環境。向日葵需要水、陽光、養分，以及它能適應的氣候。小嬰兒從一個地方得到他需要的一切：母親。他得到保護、食物和關注才能成長發育。

太陽照在植物上時，也許不知道它啟動了植物內部什麼過程。大多數的母親大概也不清楚，她在孩子身邊時能引起孩子的有機體出現什麼樣的變化。有時候孩子跌倒哭喊，媽媽走過來安慰，並沒有想很多，實際上她做的比表面更多：她刺激了重要的神經細胞發展。就像葉子裡的光合作用一樣，我們看不到過程，但就是發生了。

人腦，一開始尤其是心靈的部分，是在與母親或是跟其他重要關係人的接觸中塑造而成的。即使表面上看起來只是安慰孩子，實際上母親的舉動在教導孩子的腦一些非常重要的事：孩子有壓力，非常激動，但是壓力會停止。孩子每一次得到支持或照料，他尚未發展完全的腦結構會得到強化，每一次互動就增強一點。一個慈愛的眼光就能促進神經細胞電路的連鎖反應：腦內啡和血清素會跟催產素一起釋放出來。我們不只覺得舒服，而且很安心。

與關係人溫柔深情接觸會讓孩子體內的催產素快速升高並調節壓力。神經細胞的線路和連接點會被強化，而且用得越多越穩固。人腦會練習，直到自己能掌控這個機制，並能隨時自動開啟機制。掌握情緒激動和平息激動的能力對孩子未來的生活和身體健康有決定性的影響，而這個基礎在很早的時候就已經奠定了。

植物經由太陽影響長出越來越健壯的纖維束來供給它水和養分，孩子也透過與慈愛的關係人互動獲得類似發展。只有關注才能使神經細胞連結鋪設道路，好的環境可以促生理想的神經細胞電路。電路越常受到刺激就會越穩固。早期的經驗會影響神經細胞突起深入邊緣系統的程度，並且長期改變大腦活動，左右我們的感覺、感知和經驗。人腦形成的結構正反射了體驗過的經歷。

在愛中成長的孩子以後經歷到溫柔和深情關懷時，體內的催產素也會快速上升。負責這塊區域的腦結構如果在最初的關鍵幾年裡沒有活化和刺激，它就會萎縮，而且以後就算得到了關懷和溫柔，也不能從中獲益。換句話說，他的有機體不會對令人愉快的效果產生反應。

環境決定後天的發展

植物跟人一樣，天生就注定長大應有的樣子，但是（視環境結構而定）還是可能出現完全不同的結果。條件越好，植物繁殖得越茂盛。人也一樣。關懷照顧就是決定我們往哪個方向發展的關鍵調節器。基因預先決定了人格的第一個結構，但基因不是命運。哪些人格特色真的能貫徹，基本上還是受到關係人的影響。

我們可以把基因想像成一個機會調色盤，但最後是由累積的經驗決定能利用這些機會做什麼，特定的基因是否會啟動。

孩子與關係人互動得到的經驗對孩子本身影響很大，而且超過一般的看法。偶爾會聽到一句用來責備父母的名言：「父母輕鬆，孩子也會輕鬆。」但我要表明，這句話不僅是錯的，還很危險，它會讓那些孩子不是很冷靜放鬆的父母良心不安，讓他們有挫折感，引發他們的焦慮。每個孩子都有自己的脾氣，而且打從一出生開始就有。從嬰兒開始，他們下意識地影響父母對他們的反應，而且也是這個脾氣決定孩子如何面對父母的反應。心理學家說這是「父母與孩子相互配合」，結果可能是好的，也可能不怎麼好。後者情況下的孩子較可能產生行為上的問題。例如安靜內向的家庭可能會限制外向愛冒險孩子的行動，相對的，外向的母親也可能會對害羞的孩子做出過多的要求。[8]

但是沒有人有錯！教養子女的困難並不是某個人造成的，多半是因為個性不合。這對家庭是個真實的挑戰。

例如有的孩子的基因天性容易產生負面情緒，或是行為較容易衝動。他們比別的孩子容易氣餒，不願意與人敞開心胸互動，而且比較喜歡迴避。如果成長環境能給予他們耐心，這些孩子就有很好的機會學習控制衝動情緒，發展出開朗的個性。如果父母同樣沒耐心，容易衝動，就會形成惡性循環，最後結果是孩子被認定有問題。從這個時候開始，他會一直被當成問題小孩。

很多人在成長時都讀過凱斯特納（Erich Kästner）的冒險故事。他的《兩個小蘿特》（*Das doppelte Lottchen*）故事裡有兩個相同天性小孩，卻因為關係人對他們的行為而發展出截然不同的個性。如果母親不能用體貼面對孩子的反抗，孩子可能會做出更多攻擊行為。母親以關懷的態度接受孩子，即使孩子不具有和平的天性也能發展成和平的人。人格塑造是基因和經驗交互作用的結果，而父母的照料是重要調節器，能將許多東西往各個方向推動。[9]

然而對某些人來說，經驗對人格的影響比其他人大，且既在好的方面也在壞的方面。有些小孩從友善體貼的環境裡得到的益處比別人多，但如果獲得不好的經驗，受的傷害也會比較大。這在許多研究中引起學者注意，而這種情況讓他們想起了「花」。從此他們把孩子粗分為兩種類型：蘭花孩子和蒲公英孩子。[10]

蒲公英孩子到處都能生根，強壯結實，即使條件不好也能長得很茂盛。蘭花孩子人如其名非常敏感，沒有受到的好待遇，也就不會有好發展，可能終身都有問題。但是他們會在條件優良的溫室裡盛開。蘭花孩子在沒有壓力的環境下成長，可能會比強壯的同儕發展得更好。相反的，蒲公英孩子一生對外來影響較不敏感，正面的影響也一樣。

出生比我們想的還要早開始

人對環境反應的敏感程度不只藏在基因裡，也會在母體裡奠定基礎。我們一般認為壓力多半是折磨成年人，但是它也可能波及剛成形的胎兒。

腦部形成五個星期後，胎兒已經形成一個系統，可以在未來處理壓力。母親如果有壓力，也會對孩子的腦部和性格產生很大的影響，因為他的身體預測自己會出生在一個充滿壓力和敵意的世界裡，膽小退縮的性格會有所幫助。這樣的性格並不會在童年後消失，可能會陪伴他一生，讓他與社會隔離，並有悲劇性的發展。

帶著這個不幸禮物來到世上的孩子如果遇上體貼的環境，一切都還有轉機。母親給予親切照料，孩子與母親之間的關係安全穩定，都可以減輕孩子在產前經受的壓力。催產素在這裡也扮演了一個角色，藉由與父母互動，催產素能發揮抑制壓力荷爾蒙的效果。出生前不好的經驗可以透過出生後的關注來補救。如果沒有補救，問題就棘手了。若在出生後一直得到新的壓力，例如母親不在身旁或是不能滿足孩子的需求，負面影響就會擴大。

單單產後的壓力就足以讓正在成形的心靈受傷。孩子得不到母親的照料，會對心靈的電路產生長期負面影響，進而影響認知和情緒發展。要命的是，依附關係往往會在敏感期出問題，特別是在心靈最需要關懷的時候。情況緊急時可以由其他人接手任務。母親雖然難以取代，但是一個可靠的人可以給予足夠的保護、安全感與關懷。

教育：全世界後果最嚴重的教養書

用愛對待孩子基本上仍是相當新的教育方式，現在很多成年人都還是在完全不同的教育方式下長大的。我們可以說：時間越早，對待孩子的方式越恐怖。

我們常取笑現代父母，因為書店書架上的育兒指南長達二十公尺。德國曾經有過書架上只有一本育兒指南的時期，這些時期的教育更糟糕。糟糕透頂，對一些孩子來說是永遠的噩夢。那本書叫做《德國母親和她的第一個孩子》。

這是德國最成功的教養暢銷書，總共刷了一百二十萬冊。作者是約翰娜・哈若（Johanna Haarer），她是醫生也是納粹黨員。一九三四年第一版印了十幾萬冊並受到大力支持。哈若在書裡建議把孩子隔離在團體之外，直到他們能控制身體的功能為止。不應該給他們安全感，因為這只會讓他們太柔弱。他們應該變得堅韌不拔。關懷是危險的。

如果把哈若的書當成納粹黨宣傳品了事還算簡單。印行的書至少有一半是在二次世界大戰之前，另外一半是在二次大戰之後。內容剔除一些納粹字眼，但是精簡書名下的內容相同，直到一九八七年都還可見於書架上。因此有超過五十年的時間都能購買到如何有效摧毀孩子心靈的最佳建議，直到現在都還有人害怕某些家庭裡會養出「暴君」。這是哈若幾十年前煽動出來的恐懼。

過時的想法

但是還有更多理由解釋為什麼與孩子建立穩固的依附關係會失敗：錯誤的觀念，過重的負擔，惡劣的社會條件或是罹患心理疾病的父母。常有的情況是成人本身沒有真正體驗過關懷，也沒有學到該如何用愛對待孩子。哭泣的孩子不會自動引發每個母親的反射動作，用愛去關懷，根據母親自己從童年帶來的神經細胞條件，啟動的可能不是照顧而是自衛：對抗，逃跑或是發呆。

孩子哭鬧的時候，母親不是去疏導孩子的情緒，而是關上子女房間的門或是走開。他們逃跑，或是攻擊：哭鬧的孩子讓他們感受到威脅，所以他們對孩子喊叫，搖晃，毆打，甚至殺死孩子。

不管原因為何，幾乎都會留下影響一生的後果。忽視和虐待孩子都會大大改變幼小的腦部，因為孩子無法讓自己的情緒平靜下來，得任由壓力荷爾蒙衝擊，而經常維持高濃度的皮質醇對敏感的神經細胞就像毒藥一樣。腦部某些區塊真的會萎縮，結果可能表現在問題行為上，以及處理壓力的方式上。孩子的神經生物機制會調整為對壓力做出更快速及頻繁的反應。他們比較快覺得受到威脅，或是感受到的威脅程度比較高，因此在有危險的時候，反應大部分也比較激動和暴力。

被忽視的孩子往往一生都感覺到深深的無助，無力和束手無策。他們很早就學到自己沒有能力改變現狀，並把這種態度內化。一開始就不良的依附關係大都會延續下去，導致以後不能建立起良好的依附關係。曾經被忽略的孩子的典型現象是在關係上有各式各樣的問題。他們常常畏懼讓人靠近，或是反過來期望別人能拯救他們，全心全意照料他們。現在人們知道，早期有過不好經歷的孩子一生都有缺陷，不只在心理上，也會表現在免疫系統上，例如心血管疾病，慢性疼痛和容易上癮。

一個不好的開始會影響一生，不僅影響自己，還包括身邊所有親近的人。

回到過去尋找蛛絲馬跡

家庭聚會可以很美好。但常常僅止於別人家的聚會，不一定是自己家的。最理想的畫面就像義大利電影的結尾，夕陽冉冉西下，一家人坐在一棵老樹下的長桌邊，歡笑，飲酒，大快朵頤。然後也有沒經過安排的，現實生活中真正的聚會：曼福瑞德叔叔老是開不好笑的玩笑，吉瑟拉阿姨一直覺得受委屈，因為她長期覺得不受重視。卡塔麗娜表姊又換了新男朋友，而大家都知道馬克表哥的婚姻已經走到盡頭。只有在午夜喝了很多酒之後，大家才開始說三道四。顯然大家都明白哈利叔叔不是只有今晚才那麼需要烈酒。我們坐在那裡，面對所有親戚戲劇化的故事和怪癖，然後鬆了一口氣：「好在我不是這樣。」內心深處卻感到有點什麼不對勁。

沒有人是孤立的個體，我們都屬於系統、網絡和家族，有阿姨和叔叔，兄弟姊妹和祖父母。我們的母親是別的母親的孩子，父親也曾經是兒子。就像我們一樣，他們也曾經依賴別人的照料，並受到他人的影響。他們從別人的長處中獲益，也對缺點做出反應；遭遇過悲劇，經歷過失去的痛苦。他們因此筋疲力盡，也許也沒有。他們發展出一套過生活的策略和原則，並把它們傳授出去。我們和這些人綁在一起，心裡也背負著他們的故事。我們**是**他們的基因和經驗。也許有些事造成了我們的問題，但是問題根源並不在我們的生活裡，而是在一個以前親戚的生活裡。要找到這個根源必須像偵探一樣。偵探會收集證據，心理學家會製作家系圖。

家系圖跟族譜稍有不同，不是可以框起來掛在玄關的那種。家系圖沒有家族徽章或裝飾品，但是標示出離婚，外遇，疾病和死亡等情況，凸顯出家庭的傷痛和問題。癮頭，虐待，憂鬱和家族祕密有時候像紅線貫穿好幾代，像重複的模子。有時候我們的問題早在出生之前就出現了。

案例：家系圖

情況

由於雇主迫切的建議，病人在第一次會談中介紹自己。他這個時候四十八歲，單身，是一家電腦顧問公司的部門主管。他說，一生中不知怎麼的總是得罪人。他無法解釋，為什麼別人跟他老是有問題。他認為團隊裡其他人才需要治療，不是他自己。他覺得老闆把團隊的失敗歸咎於他，特別侮辱他。他之所以來是因為這是不被開除的條件。他害怕失去工作所以現在在這裡。

他覺得生活裡的困擾是，他容易有時間壓力，緊張，神經緊繃，然後胃痛拉肚子。他感到內心受到驅策，也常常覺得受到不平等待遇，無法控制自己的怒氣。周圍的人則是不了解他，或是拒絕他，但是他無所謂，因為他從小就習慣了。他形容自己堅韌，直接，目標明確，不是懦弱的人，是個「寂寞的騎士」。現在他還不是很確切知道治療能帶給他什麼，但是他想扭轉失業危機，或許治療後能變得從容一些。

診斷結果

病人在初次見面時精神緊繃，表面上有自信，友善，但是是一個持懷疑與等待態度的人。接觸時，他傲慢不可一世：具攻擊性，言語尖酸刻薄。動作急躁緊張。雇主帶給他的屈辱在第一次會面中也越來越明顯，但也被他用貶抑的態度抵擋回去。在第一次會談的過程中，好奇逐漸取代了懷疑和拒絕。病人變得越來越開放，而且對自己的傳記展現積極的興趣。但是最後顯示，調查傳記資料對他來說很困難，因為他對童年和家庭幾乎沒有什麼資訊和記憶。

隨著時間一長，他較容易去碰觸棘手的問題。對於種種情境的形成，病人自己該負多少責任的反省使他明白，他的感知多是以外界反應為主，而不是以內心感覺為主。在他一開始表現出來的表象後面，他隨著時間越來越能感受到他的困境。他先是不能說出內心的感受，他推測他有嚴重的自我價值問題，向前攻擊的行為主要是為了抗拒自己的自卑。

建立家系圖後看出病人的生命歷程發展

病人於一九五五年出生在一個小城，是家裡的么兒（有一個大他三歲的哥哥）。母親是家庭主婦，父親是一家貨運公司的老闆。跟父親（已逝）的關係很疏離，並且受到父親嚴格的管教。父親很重視德國傳統美德，可以說從來沒有鬆懈過。母親曾告訴他，父親在戰爭的最後幾年受了很多苦，所以比較「沉悶和嚴格」。他一直希望兒子能出人頭地。

跟母親的關係一方面很親近，但是會一下子變冷淡，拒人於千里之外。他不能解釋他到底做錯了什麼，以至於母親這樣待他。跟哥哥的關係很好，雖然他們完全不一樣，兄弟倆一起度過許多時光，但是後來在病人十二歲左右，關係完全變了。哥哥不再理他。母親說，人進入青春期就是這樣，所以他也沒多想。

現在回想其他家人（祖父母，一個姑姑和一個叔叔），覺得關係有點奇怪。他常常被「切斷」，覺得自己被排擠在外，有點被家人「斜眼相看」，當成外人。

他在學校的成績不錯；課業對他來說很輕鬆，毫不費力就通過了高中畢業考。大學學業也不是難事；他從來不瞭解為什麼別人要花那麼多功夫，而他哥哥要完成學業和職業訓練卻吃了很多苦。

他有過好幾個女朋友，但是在男女關係中很快會覺得受限制，比較喜歡不受拘束的關係。他沒有孩子。

家系圖裡嚴重的資訊缺口變得明顯。在詢問過母親、叔叔和姑姑，並閱讀過祖母的信後發現，他原本的祖父不是親生的祖父，他擁有許多叔公（四十九歲去世）的特徵。這位叔公在家裡是一個非常聰明的人，而且事業有成，跟他父親也很像。相反的，姑姑和叔叔的天分就在一般水準之下。

他的祖母曾經跟丈夫的弟弟有過一段短暫且有結果的婚外情，家族裡幾乎所有人都知道，但都只是在背後竊竊私語，要不然就是緘默。現今有個概念叫「杜鵑鳥的孩子」（大杜鵑鳥的最大特徵就是不自己築巢孵卵，而將卵產在別的鳥窩裡），所以病人的父親被他信以為真的父母養大。而他也早已經是個外人，確切地說被排擠為外人，一個帶著恥辱的孩子。

病人和叔公長得一模一樣，但是從來沒讓他起疑。但是相似的長相卻讓大家回憶起這個牽扯不清的家族祕密，並把它跟「恥辱」連結在一起。親戚們排斥他，責罰他，並任意將他隔離在家族外。他成了罪責的接棒人，卻是一個病人不了解也不能抗拒的罪責。

他內心感受到的矛盾和憤怒沒有機會公開並得到解釋，這樣的屈辱和不公平導致他下意識長期抗爭求生存和生存的權利。其他人不能成為可靠的依附關係人，他只能以「寂寞騎士」的角色來掌控自己的生命。

可能的解釋

由於祖父母和叔公經歷過一次和二次大戰創傷，加上父母經歷過的創傷，病人發展出一套求生的戰略「抗爭」。向前猛衝的攻擊行為是一種策略，好盡可能避免自己先陷入必須做出反應的窘境。這是讓心理生存下去，並能獲得最大掌控的手段。

家庭對他的各種排斥與咎責堅實了他對自己負面的印象（「我不對，我很孤獨。」）。成長過程中，病人嘗試透過強有力的行為，之後透過一個有勢力的工作職位，獲取一種有影響力和一切在控制之下的感覺。這麼做能彌補無能為力，不受重視，自卑和無助的感覺。

因為缺乏合適的學習楷模，病人沒能充分發展出處理情緒，照料自我，感受自我和解決問題的能力。

他生活的家庭裡面每個人都模糊意識到，大部分人也都知道：他父親是叔公的兒子。隨著年紀增長，病人同樣受到家庭的排斥，就像他父親以前一樣，杜鵑鳥的孩子，好像他不是真正屬於這個家庭。病人也跟父親一樣接受了別人給他的外人角色。不僅在家裡，還有隨處各地：學校，大學，工作，男女關係。他鑽進了別人為他設定好的角色裡。

要命的是，他父親還在這方面強化了他的態度。他父親最後也就是用這種方式建立起自己的生活和成功的事業。他當時還看不出來，外在的父親已經造成他內心的孤獨，但是「模模糊糊」感覺到。他學會壓抑每個對歸屬感、保障和安全感的嚮往，因為這些都有被拒絕的危險。他不能忍受這些危險。他變得難以靠近和嚴峻，他的兒子（病人）已經踏上父親的後塵。「行為接力棒」與看待事情的方法已經傳遞到下一代的手裡。

家庭祕密就像流沙，病人試著在流沙上建立起穩固的自我。他很幸運，還有活著的家人可以打聽，而他們也提供了消息。如此一來，病人就可以分析探討他的過去和他學習到的策略。

導火線

傳記資料的交互影響，缺乏良好的行動策略，以及幾十年來受到的委屈，顯現在一個跟家庭類似的關係系統中：工作團隊。由於缺乏對他人和自己的同理心，也缺乏良好的行動與克服壓力的機制，病人嘗試用超強的工作企圖心來穩定自我價值。

另外他也嘗試在關係系統中營造出一個安全的位子，並藉此發展出一種形式的歸屬感。他用挖苦和攻擊性行為來降低緊張程度和排解不舒服的感覺。沒有約束的男女關係能滿足他對建立依附關係的強烈需求，但是又不用全心投入。

他的計畫

分析探討了過去和自己要負責的部分後，他能夠意識到貫穿家族史的線索，而他決定在此時此刻把這條線切斷。

與父母相似的上一代

有些人一生中一刻也沒意識到他們正在重演誰的生活，而有些人十五歲就已經知道：「我絕對不要跟父母一樣！」他們用叛逆為抵抗，直到有一天突然聽到自己對孩子說：「只要你住在我的屋簷下一天，你就得聽我的！」

說一個不斷在我的診所裡重複上演的場景：病人描述他的生活，突然停頓下來，表情出現了變化，然後震驚地說：「哦，我的天，我的口氣聽起來就跟我父親一模一樣！」這個認知有深遠的後果。

這些人覺得自己好像被人逮住了。但這不是陷阱，而是這個過程沒有人可以真正避免，因為它深植在每個人心中。心理學家稱之為「社會學習理論」（Modelllernen）。這正是這裡的主題：向模範學習。這個理論對了解心靈發展有很大的貢獻。

用兩隻章魚的例子可以清楚示範這個理論，因為研究人員從一個實驗中發現，[11]章魚也很會從模範身上學習。

實驗過程是這樣的：一隻章魚在水缸裡，研究員給牠五顏六色的球。只要牠攻擊某個顏色的球，就會得到一塊魚為獎賞。如果選擇其他顏色，就會受到不舒服的電擊。二號章魚在旁邊的水缸裡，牠仔細觀察隔壁發生的事，並思考自己的部分。當研究人員換水箱後，二號章魚沒有遲疑很久，就幾乎只攻擊給前任章魚帶來獎賞的彩球。二號章魚僅僅透過觀察學習前任章魚的攻擊目標，不是透過一般平均需要的二十個訓練，也不需要給予牠強化行為的獎賞或懲罰。

我們透過觀察學習

世界上實在有太多要學習和經歷的東西。透過觀察學習，我們有機會為心靈做正確的事，但不能保證成功，原因在於可觀察到的不良後果要不是不明顯，就是被大幅壓抑了，或是被認為不重要，有時候也被做了另外的詮釋。如果想由自己來發現全部的事實將會曠日廢時。這是一個問題。另一個問題是，如果我們嘗試要親身經歷一切，也可能一直會很痛苦。因此人腦有一個比自我嘗試更能節省時間和資源的方法：透過觀察來學習大部分事情。我們不需要為了開一瓶紅酒而自己發明開瓶器，我們很自然地上手使用，因為在別人那裡看過方法。我們不必把手伸到火裡去才知道火很熱，由別人告訴我們就夠了。觀察學習是人腦很高招的一步棋：我們可以簡單地觀察別人如何處理事務來擴展自己的能力和知識，而最常供我們運用的模範就是父母。

小孩盯著我們看的時候，不只是因為他愛我們，他對我們的觀察比情報人員還仔細，因為他想學東西。如果媽媽咬檸檬時整張臉扭在一起，孩子在面對這個黃色東西時也會先抱持懷疑。如果媽媽一直罵鄰居，不要多久孩子也會對鄰居沒有好印象。我們覺得一歲的孩子開始對著香蕉講話很有趣，因為他學我們講電話。當香蕉掉到地上，孩子大叫一聲「狗屎！」，我們就笑不出來了，因為到這個時候我們才明白，孩子跟我們學的不是只有好東西。

這正是問題所在：我們不僅觀察媽媽是不是用了衣物柔軟精，或是加了荳蔻粉來為肉圓調味。我們也觀察父母吵架時的行為，他們有什麼政治立場，如何應對進退，如何面對挫折或是他們的駕駛風格。他們如何運用權勢，處理無助感和其他的感覺。在原生家庭裡我們學習到價值觀，道德和規範，並把整個行為過程內化。在我們還沒發覺的時候，已經踏上實現他們人生計畫的最佳途徑。

在人生最初幾年，這些都在沒有反省之下學習到的。我們眼前的模範已經成年，應該知道什麼是好，什麼是壞，我們是這麼想。一直到青春期前後，才開始用一點批判眼光看事情。我們早已不再照單全收，並質疑模範以及他們的決定和行為。不想因為母親曾經想當芭蕾舞者而去跳舞。

原生家庭訓練營十五年來的精心培育不是那麼容易甩掉，儘管我們也許這麼希望。我們可以對抗承襲到的態度，修改這個或那個行為，但是許多烙印在身上的程式還在，並且在許多情況下突然宣洩出來。

例如在孩子前面，我們的行為真的可能長年跟在原生家庭裡經歷到的不一樣。可是一個意想不到的導火線，有可能突然把我們打回舊有系統中。這通常發生在情緒激動下，在時間或是精神壓力下，或是某個東西讓我們想起從前，讓我們自然而然掉入銘刻心中的舊有行為模式。我們對孩子吼叫，雖然我們絕不想這麼做。我們變得超級挑剔，用聲量展現力量，或是對配偶吹毛求疵，並不一定是因為有地方可以挑毛病，而是因為我們的母親一直是這樣。

為了避免這些經典情況發生，首先要注意到，這並不是我們自己過的生活，而是父母生活的延續。在診所中，我常常陪病人度過離婚戰爭，他們使用的武器跟眼前的爭端沒有太大關係，反而跟舊有的爭端比較有關。我們常常經歷一些父母曾經發生過的事，但是因為沒有發展出自己的策略，所以採用那些曾經在我們眼前用過的策略。如果有個人經歷過父母親激烈的離婚過程，他很有可能也會在離婚過程中激烈地戰鬥，即使本身原因和條件跟父母的離婚狀況完全不一樣。

我有很多病人發現他們正在重蹈覆轍，並努力與之抗衡。然後我聽到病人想做不一樣嘗試時的絕望：「我想要有個一個乾淨的離婚，想跟我父親當時做的不一樣。請你幫助我。」這需要很好的感知，警覺，意識。這很吃力，但還是辦得到。

戰爭創傷：遲來的受害者

二次大戰仍然在威脅我們，但是我們幾乎沒有意識。在公園裡，回家路上，地鐵或是醫院裡都可以看見。單單在二次大戰的最後一年，五十萬噸炸彈投擲在德國境內，其中二十七萬噸是啞彈。它們不曾爆炸，但也意味著某個時候會爆炸。至今仍未發現的砲彈大約有十萬噸。我們在砲彈上面蓋房子和學校，鋪設公園和道路，在炸彈上生活、遊戲和散步，卻不知道它們存在。有時候遇到交通管制，是因為在某處找到了未爆彈必須去除引信。我們也許會有點惱怒，但是很快又忘了這件事。

最近我們不再任由炸彈隨機被發現，而是積極搜尋戰爭留下來的包袱，因為時間不會讓啞彈變成無害，它的引信會鏽蝕，變成立即的危險。戰爭即使已結束七十年，有時候還是會對生活構成危險。

而且也會危害心靈。有些是個人因素導致，有時候是集體的因素。有些事件影響到整個世代與接下來的世代。

我們常常納悶，為什麼現今的心理疾病比以前還多。許多案例的原因並不是源自我們的年代，而是來自二次世界大戰。我治療過許多年長的病患，他們還在經受二次大戰的折磨。我也治療過他們的孩子和孫子，他們是戰爭造成的附帶傷害，本身沒有經歷過戰爭，卻明顯體驗到戰爭的後果。直到今天，戰爭過後幾十年，許多創傷才第一次浮現，就像帶著鏽蝕引信的啞彈。

總體來說，這個主題的研究還是太少，但是到目前為止做過的少數研究令人心驚：二次大戰結束之前出生的人中，百分之四十到五十的人有過心靈創傷，幾十年後依舊有心理和生理的後遺症，大部分是因為直接經歷過戰爭，如轟炸，驅逐，飢餓或是監禁。這些發生在兒童和青少年時期，正好是身體還在發育又特別容易受傷的階段。同時這個時期的孩子也缺乏克服困難的有效技巧。

不幸的是，心靈創傷的孩子特別需要的人這時又常常不在：父親不在家，母親因為要擔任各式各樣任務，或者自己也受到心靈創傷而分身乏術。[12]

前人的故事

歷史和政治研究很早就把焦點放在猶太大屠殺的倖存者和他們的孩子身上，但是戰爭在德國遺留下來的社會心理後遺症卻是禁忌話題。罪惡感，羞愧和責任感阻礙我們探討這個極端複雜的主題，並導致它顯現在心理疾病上。現在從無數的研究得知，不僅心靈會受到痛苦，全身也會跟著受苦。兒童和青少年期經歷心靈創傷會提高罹患心血管疾病、氣喘、疼痛障礙，以及癌症或是自體免疫系統疾病的比例。這些人雖然出現了心理問題，但是幾乎沒有人接受心理治療。也許是因為這代人有個內化觀念，認為身體的疾病比心理疾病更重要。一個世代被迫維持不正常的常態，因為沒有餘地和意識來處理沉重的經歷。[13]

不幸不會只侷限在這些人身上，戰爭致命的後遺症就在這裡，它會延續到下一個世代。戰爭世代的孫子現在正致力處理這種不幸。他們在線上或者離線組織自救團體，大量討論相關書籍和影片。此種心靈創傷一直到今天才獲得關注，人們不再輕忽大屠殺也造成了此等嚴重傷害。無論如何，處理過去傷痛是必要的，因為年輕人雖然沒有親身直接遭受傷害，但是受到了連帶的傷害。

戰爭世代的小孩自己生了孩子，一個新世代跟著受到戰爭後果傷害的父母成長。雖然他們沒有親身體驗到戰爭的殘酷，但是他們體驗到父母和祖父母的無助和受傷的心靈。戰爭受害者往往無法表達感情，有突發的暴力行為，冷漠，濫用酒精或是藥物。根據估計，德國現有大約上千名戰爭世代的孫子在接受治療。[14]這證明了作家威廉・佛克納（William Faulkner）早已認清的事實，他寫道，過往歷史從未曾死去，甚至沒有一刻被遺忘。

如果一個病人因為母親不曾給予足夠的關懷而痛苦，這一定有原因。我們要看看這個母親遭遇過什麼事，以至於不能給予孩子適當的照料。這條線索有時候會發展出最奇特的彎道，在每個世代和每個人身上留下不同的影響。

我的一個女病人在二次大戰中與家人一起逃亡。當時是晚上，她還是個小孩，為了不喊叫，她的嘴一直被摀住。「噓，安靜！」是烙印在她心靈上的警告。在本來想喊叫的情況中，她必須保持絕對的安靜沉默。那只是生命中必須忍受的幾星期，但從此以後，她的行為一直就是這樣：過度配合別人，而且內心充滿恐懼。**如果我大聲，那我就是讓大家死亡的罪人**，這是她當時的想法。即使現在已經沒有安全威脅，或是已身處於另一個年代，完全不重要。這句話和那聲「噓！」的效果深植心中，牢不可破。這個「噓！」有個重要性，因為她自此對這個簡短音節會起反應，無論在何種情況，總會產生短暫的壓力。這個壓力成為一種態度，她之後也用這種態度教育自己的孩子。

其中一個孩子在四十年後有充分的理由反抗，因為他公司的情況很糟。這位年輕人很清楚必須採取行動，但是他選擇了沉默，因為他害怕整個部門會遭到報復。在不知情的情況下，他跟從了母親的恐懼。他緘默，並順從地接受了整個狀況。他的孩子卻完全不一樣：反抗心強而且很大聲。父親不能做的事，他加倍地做。有時候問題會轉變，轉變到這個極端或是另一個極端。父親擴展了家族的遺產「沉默」，兒子則擴大了極端的反抗。

如果不處理造成心靈創傷的經驗，它就會像地底下的未爆彈潛伏在心靈深處，繼續發揮影響力。軍械公司尋找二次大戰遺留下來的啞彈，去除引信，讓它不會造成傷害。每一棟新房子在建造之前，都有必要清除啞彈。我們應該用類似方法找尋問題的原因，讓它不再於我們心中和別人心中造成傷害。因為不僅我們心中有別人的故事，我們自己也創作一些故事給下一代。我們跟其他人有交互關係，我們帶給人喜悅，也傷害別人。我們體驗到美好和恐懼，也會把處理方式傳遞下去。但跟上一輩人不同的是，我們今天有機會尋找線索，如果是個負擔，就把它切斷。一個人有時候可以改變整個體系。我們的影響力比我們想像的還要大許多，包括正面和負面的影響。因為研究結果越來越清楚：我們不僅會把鼻子遺傳給孩子，也許也會將恐懼遺傳給下一代。

表觀遺傳學：基因中的恐懼

櫻花的香味美好，香甜宜人，幾乎沒有人不喜歡，除了幾隻來自美國亞特蘭大的老鼠，當牠們聞到櫻花的香味就會陷入恐慌。櫻花香味從來沒有對牠們做過什麼，對牠們的父母卻不是這麼回事。每當科學家在實驗中把香味送給老鼠，同時會給老鼠輕微的電擊。[15]一段時間以後，老鼠只要聞到這個氣味就害怕。之後這些老鼠繁殖出後代，雖然實驗沒有在後代身上重複過，但是老鼠的後代一旦聞到櫻花香，也是一樣害怕。

這些美國老鼠證明了科學家正積極研究的東西：以前認為基因是建構身體的消極、隨機的藍圖。如今我們觀察到，基因顯然在一生中對外來影響很敏感。每次相聚，每個娛樂活動，每種經驗不僅會改變我們的腦，還會一直穿透影響到遺傳素質的作用。

基因的影響不僅在於經驗如何對我們產生作用，方向也可以倒轉過來：經驗能夠改變遺傳物質，並設定那些基因會遺傳給下一代。如果我們的母親有過很多不好的遭遇，例如暴力或是虐待，這將會改變她的遺傳物質和孩子的遺傳物質。也許細胞會先採取一種機制：人腦不會先等外在條件讓它的發育完整，而是讓身體事先就準備好面對可能的危險。基因裡面已經寫著：「注意，你將出生在一個充滿危險和敵意的世界裡。」所以壓力電路從一開始就調到高活動量。

基因比我們假設的更靈活才有這個可能。DNA本身在過程中並沒有改變，但是透過特定影響，會有分子附著在它的結構上。這些分子的作用就像開關，可以控制基因的活動。

生命在懷孕期間逐漸成形，腦部和基因的中央控制回路會得到所謂的校正。在懷孕前半期，腦中幾乎所有的神經細胞都已鋪設完成。嬰兒腦中的邊緣系統、壓力軸和不同的神經傳導物質系統會以母親所經歷的壓力和恐懼程度做為校準依據。懷孕期間母親的情況，受到多大的壓力或是恐懼，會塑造孩子的基因，並留下一輩子的影響。科學家把這個過程也稱為「胎兒的程式設計」。

壓力，說得確切一點，也就是有壓力時釋放的皮質醇扮演了決定性的角色。母親在有壓力負擔時釋放出來的荷爾蒙，大約有百分之十能通過胎盤障壁到達孩子的小腦。如果懷孕期間嬰兒的皮質醇長期過高，就會被當作正常現象。身體自身的壓力系統會調整，讓孩子較快速且頻繁地感受到壓力。如果把母親的壓力當作指標，身體這麼安排是出於好意，因為一旦未來出現種種危機，身體就能快速達到顛峰狀態。大自然基本上只想為孩子創造演化上的優勢。[16]

懷孕的母親不必過於擔心，我們不會因為跟配偶吵了一架，或是因為這段期間工作很辛苦，就會生出一個過動兒。這類情況不管是單一或是多重的，我們的後代都能輕易克服。但如果母親長期處於壓力下，事情就會比較棘手。

基因塑造和它的意義

科學家針對一個世代研究了這個機制，這個機制在他們身上似乎發揮了很大的作用。經歷戰爭的世代就是他們的研究對象。[17]一九四四／四五年冬季，納粹占領了荷蘭，引發嚴重的飢荒。後來懷孕婦女生出來的孩子雖然特別嬌小，體重很輕，長大後卻很堅韌。他們常常罹患的疾病有糖尿病、肺病、心血管疾病和動脈硬化，以及其所引起的心肌梗塞。他們的身體基因很顯然被塑造成能從少量食物中動員許多營養。在戰爭物資短缺的情況下，這是存活下去的優勢，但是在稍晚時期，這項能力卻是一種威脅。

科學家還在推測塑造基因的完整機制，它看起來能解釋很多現象。長久以來人們就觀察到，前人若罹患創傷後壓力症候群，自己罹患同一症狀的風險也比較高，憂鬱症和慢性疾病也會常常在這些家庭中出現。據推測，他們不僅受到親戚行為的影響，也受到生物分子化學過程影響。但這不一定就是命運的打擊。基因塑造也可以有好的方面。只要適當處理心靈創傷，就能降低把它遺傳下去的風險。

我們的心靈像一片馬賽克，由許多細節組合而成，由不同部分一同拼起完整的個人人格。基因和經驗互相影響，並在親屬的映照下塑造出我們。我們影響周圍世界，世界也反過來影響我們，並也將成為另一個成分，一個豐富我們的嶄新部分。有些部分閃耀光彩，有些黯淡，也有些脆弱。有些部分我們寧願隱藏起來，有些我們引以為豪。有些部分可以被取代或是交換，其他的則牢不可破。人腦的可塑性有兩個作用方向：它會讓我們生病，也會給我們傷害。但也可以清除或修補。不是所有東西都必須保持原狀。我們強調的會凸顯出來。心靈是一件永遠不會完成的藝術品。

第2章

一致性原則

——心靈對平衡的需求是如何形成的

當我們穿梭於新鮮事不斷的花花世界，體內近乎神奇地保持恆常：體溫維持一貫的三十七度，心臟每分鐘跳動六十到八十下，不假思索就能吸進正好滿足血液含氧量的空氣。如果我們健康，身體就像一個嗡嗡作響、校準完美的系統。可惜的是會有外在因素一直干擾。

我們走出屋子，會突然感覺到溫度的冷熱變化。老闆對我們大吼大叫，我們明顯會感到心跳不正常。很晚的時候吃杯子蛋糕，血糖會飆高，遠遠超過每分升血液一百毫克的標準，然後我們身上調節精細的機器就失常了。

但失常只是短暫的。因為每出現一個微小偏差，身體都會祭出一整箱的法寶，讓所有的參數回歸正常：它分泌荷爾蒙，擴張或收縮血管，讓酸鹼值正常化，平衡水分與電解質。身體不斷受到外界干擾，內部卻能維持一貫的穩定，這並不是理所當然的，而是不斷努力工作的結果。生物學家和醫學家把這個過程稱為「體內平衡」，意味著維持平衡就是重點。因為任何一種偏差都代表了疾病：體溫增加兩度，表示我們發高燒。心跳每分鐘少二十下，我們會昏迷倒地。

我們已經知道每一種生物都有內建的自我調節機制，但是科學家要稍晚才發現，心靈也是按照類似的原則運作。但最先不是在人類身上發現的，是一頭絕望的牧羊犬引起了科學家注意。

這條狗的主人是伊凡・巴夫洛夫（Iwan Pawlow），他在牧羊犬身上做的實驗舉世聞名，因為他發現了一個現象叫做「巴夫洛夫反射動作」或「古典制約」。很少有心理學實驗能像巴夫洛夫於一九〇五年做的一樣這麼常被引用。

巴夫洛夫注意到，他的狗不是在看到狗飼料時候才開始流口水，而是早在聽到實驗室工作人員拿著狗飼料來到狗籠的路上。巴夫洛夫想做進一步研究，所以在給狗飼料時會搖鈴。不久後，只要鈴聲就能讓狗開始流口水。牠們把鈴聲訊號跟對飼料的期待結合在一起。[18]

有時候人們懷疑動物實驗的結果是否能簡單適用在人身上，卻對古典制約沒有太多懷疑。我們每個人都有過這樣的經驗，把某首歌曲跟某個時刻聯想在一起，只要某個地方響起這首歌的旋律，回憶就湧上心頭。有些人也許在公司裡見識過這個效應，當時鐘指針指著中午十二點，全體工作人員不一定會流口水，但是騷動會慢慢蔓延開來，人群開始湧向餐廳。

巴夫洛夫發現人腦一項很重要的學習原則：連結刺激並引發反射動作的能力。古典制約的理論如此知名，人們可能以為巴夫洛夫只做過這麼一個實驗。但實際上他是個孜孜不倦的學者，做了無數的實驗和研究工作，一直到高齡，許多實驗直到今天仍有其重要性，有些實驗在完成多年以後才受到重視。[19]就像那個讓之後的研究者發現心靈一定也有平衡系統的實驗。

巴夫洛夫的狗

巴夫洛夫在一九二七年做了後續實驗，在這期間沒有一根狗毛受到損傷，可是狗到了最後還是完全絕望，出現嚴重的行為失常。雖然開始的時候一切很樂觀：巴夫洛夫用光線投影出一個圓圈，狗就會得到飼料。如果出現橢圓形，就沒有飼料。狗很快就能認出其中差異。圓圈出現，狗就表現出高度喜悅期待飼料。但是巴夫洛夫的手段變卑鄙了：他給狗看的圓形和橢圓形越來越相似，狗幾乎無法區分，牠到底可以期待飼料還是不行？現在是圓形？還是另一個形狀？飼料在哪裡？最後狗深深感到絕望。

巴夫洛夫再一次見證了一個很基本的心理機制，只是他當時還不知道。他將狗的情況命名為「實驗性精神官能症」。精神官能症曾經是所有行為障礙的集合名詞，凡是所有表現出絕望、心理異常、人們不是很確切知道是什麼以及病因的疾病都包括在內。雖然這個名詞基本上內涵不多，但還是無法將它從一般用語中，也不能從心理學家的世界中根除。來我這裡的病人還是有人會被冠上「神經質」一詞。在以前，某個人發了瘋或是神經敏感，人們會自動替他貼上標籤——而且很常見。幸好人們有興趣對某些東西做進一步觀察。

這也讓巴夫洛夫的狗獲得了平反。實驗結束好幾年後，科學家詢問究竟是什麼讓這隻狗這麼絕望，他們進一步研究這個現象。今天我們知道：狗的腦部處於完全混亂狀態。[20]如果巴夫洛夫有核磁共振成像機器，他會看到狗的腦部有兩個不協調過程在同時進行。如今對狗的情況有了更仔細的研究，這個情況有了一個名字和意義，有些人甚至把它當成心靈最重要的一項功能：如果外面發生的事跟我們內心的期望、願望，甚至迫切需要背道而馳，心靈會陷入一個名為「不一致」的狀態。

在神經層面有兩個互斥過程在活躍。我們可以把不一致想像成橡皮圈：為了得到好心情而想要和需要的東西往一個方向拉，實際得到的卻是往另外一個方向拉。我們可以非常明確感受到內心由此產生的緊張。視情況而定，這個緊張狀況可以用恐懼、嚮往、憤怒，或是悲傷的形式出現。緊張程度越高，對我們的折磨也越大。

就像身體會盡一切努力來恢復不斷受到外在條件影響而失去的平衡，心靈也會不斷努力以抵銷內心的緊張。目標是「一致性」，也就是心理學家所謂的心靈平衡。內在秩序對身體很重要，對心靈也很重要，它是整體系統的要求。[21]心靈保持平衡，我們才會覺得幸福，才會滿足和健康。因此有些神經生物學家和心理學家視追求一致性為心靈最重要的一項任務，也是驅策生活前進的最強大力量。

我們已經知道身體一直在努力維持的標準參數，但是什麼是心靈的標準狀況呢？

心靈的基本需求

有些經驗是可以克服的。某人耶誕節希望得到可愛的銀耳環禮物，卻收到一個鐵氟龍炒菜鍋。他可能覺得禮物很蠢，心裡有點不高興，但還是能承受內心感到的不一致。他的心靈橡皮圈的緊繃程度介於鬆弛到中度，並會隨著時間回復鬆弛。

但有些事的緊張程度令人難以忍受。例如我們極度希望得到認同卻遭到拒絕，這對心靈來說是完全的不一致，而且很痛苦。有些東西可以期望，但有些東西是人真正需要的，而且不容商量。

身體在這裡也毫不妥協。有些事非做不可，要不然會死亡。我們必須吃飯，喝水，呼吸和睡覺。可以說，這是身體最基本的需求，需求得到滿足才能維持運作標準。但這不是人可以期望，然後在沒有滿足時會失望的東西。所以大自然把控制權交給強有力的身體衝動。我們可以把自己關在家裡整天看Netflix，不管世界發生什麼事。但是到了某個時候肚子會咕嚕作響，我們餓了，或是感到疲累。身體有探測器彙整匱乏的情況。若是一項基本需要出現赤字，排除這項缺陷的動機就會自動開啟。我們偶爾能忍受沒有巧克力，但是不能完全放棄飲食。這就是願望和基本需求的差別。

就像食物、睡眠，或是水分對身體來說不可或缺，心靈也有基本需求。如果心靈得不到這些基本需求，就會像身體一樣生病。心靈的基本需求也跟身體的一樣，是為了確保生存。但是心靈獲取基本需求的機制不是那麼容易了解。飢餓是很明顯的現象，我們可以明確感受到它和它帶來的後果。但是心靈的需求隱藏在潛意識裡。關於潛意識，我們可以想像成一條單行道：這塊領域經常傳送大量資訊和訊號到我們的意識中，但是反向道路常常阻絕不通。意識無法回頭看那裡究竟有些什麼。基於很多理由，若能把那裡看清楚會很有用處，但是這塊領域就像高度機密的軍事基地嚴密封鎖了起來，必須透過多次嘗試與錯誤，才能找出驅策行為的東西。

最早對健康心靈需求提出建議的人是佛洛伊德，之後許多同行也跟隨他的建議。舉例來說有對長處、表現和能力的需求，有些心理學家也提出對威望、社會地位、名聲和權力的需求。然而長久以來心理學研究一直對哪些才是真正的基本需求沒有定論。伯恩的心理學教授克勞斯．葛拉威（Klaus Grawe）就神經科學認知的觀點仔細研究了心靈的基本需求。他認為基本需求只錨定在人類的神經系統裡，就像飢餓或口渴一樣，能透過相當簡單的反向推理獲得證明：哪些需求得不到滿足，心靈就會生病？其他的都只是願望。願望和真正的需求很難辨別。只要去想像一個三歲孩子在超市櫃檯前吵著要棒棒糖，好像攸關生死一樣。希望他的父母清楚自己該做什麼，如果他們認為這已經超過了協議好的糖果限度，他們就不能動搖。然而也有些東西，如果父母不給孩子，可能會造成孩子一輩子的傷害。

葛拉威問，為什麼權力或成就應該是基本需求，但是對很多人來說卻不是那麼重要。很多人沒有名望也能過得很好。看一看巧克力和紅酒的銷售數字，我們也可以把它們當成非常重要的需求。但是真的有人因為沒有巧克力和紅酒而得到永久性的傷害嗎？人類似乎有很多需求，但不是每一個沒有得到滿足的需求都會導致心理障礙。

這就是葛拉威的重點：根據他的觀點，心靈生病的人是心靈基本需求受到侵害的人。[22]我可以用診所的實際經驗證實。葛拉威的清單上只有四個基本需求，它們是：

- 提升自我價值感的需求
- 依附關係的需求
- 掌控和獨立自主的需求
- 尋求樂趣和避免反感的需求

滿足這些基本需求的經驗在生活中主導我們的行為，它們是所有感知、思想、感覺，尤其是行為背後隱密但強有力的引擎。雖然如此，很少有人認識自己的基本需求。現在是進一步觀察的時候。

自我價值感：生命的基礎

先說個壞消息：你不是你以為的那麼友善，也不如你想得那麼美麗，更不是你認為的那麼能幹。

好消息是：你對自我稍顯誇張的評價是心理健康的表徵。大部分的人都是這樣，這麼想雖然不會特別受歡迎，但卻是好的。炫耀不會得到社會上的廣泛認同，但是心靈不在乎社會的認同。它覺得最暢快的時候，就是我們大力提升對自己的想法和說法的時候。

老實說，我們得承認自己常常這麼做，而且做得很開心。舉個例子，當我們描述自己，通常會說得比實際的好一些。你會淡化負面觀點，或是乾脆略過不提。至於能力表現，也多半強調正面結果，較少提及負面結果。在很多特性上，也樂於把自己評價得比一般水準要好一點。例如很多人確信自己是優良駕駛，但是實際統計出來的數字卻沒有這麼多。有時候我們明顯想欺騙自己，像是美圖軟體、化妝品、染髮劑都是心靈的興奮劑。

這不僅無傷大雅，還有一個非常重要的目的：正面的自我形象讓心靈處於樂觀，這正是世人迫切需要的。我們若不暫時欺騙自己，整個情況粗略看起來會是這樣的（小心，情況會很糟）：我們都會死亡。所有我們愛的人會死亡。到那個時候，我們衰老，滿臉皺紋。也許還得到癌症或失智，或隨便一個重症。環境也不見得比較好。世界處於崩潰邊緣：生態系統脫序，海洋滿是塑膠垃圾，最近又開始流行穿露肚子的服裝。而我們呢？每天起床，塗好麵包，然後上班，計畫周末甚至計畫退休。以這樣的情況來看，只因為我們的心靈有向上調整的自我價值感所以極為樂觀，並且真的相信自己才有可能辦到。我們腦中會出現這樣的話：「哎，船到橋頭自然直！」或者「不會讓我遇上！」。這樣的想法不僅讓我們繼續前進，也有益健康。

突出的自我價值感跟心理健康有關連。但不光是這麼簡單，而是輕微不合實際的感知可以帶來自我滿足的預感。具有正面自我價值感的人相信自己和自己的能力，因此勇於嘗試可以帶來正面感覺和信心的事，並且再度讓自己處於快樂狀態。所有的事加在一起會變得生生不息，對心靈有莫大好處。

每個人都對良好的自我價值感有深切需求，希望被人愛，覺得自己有價值，獨一無二。自我價值感是生命的基礎。但是很可惜，偏偏這個基本需求常常受到傷害。很多人被迫把生命建築在極不穩固的基礎上。不難想像，他們容易受到心靈障礙侵襲。一個受傷脆弱的自我價值感可能會是憂鬱、焦慮和飲食障礙的原因。有些作者甚至一概把自我價值感當成所有心理障礙的出發點，也有些作者認為，如果人類的自我價值感發展良好，我們會擁有一個更好的社會。[23]

許多工業也靠著許多人低迷的自我價值感生存。他們提供各類產品，保證能增強個人的自我價值感。像是保證讓我們看起來更年輕的乳霜，或是速度超快的跑車，塑造自己有活力成功的形象來自欺欺人，或是某個菁英帆船俱樂部的會員證，顯示自己不同凡響。英國作家勞莉・彭妮（Laurie Penny）有一回形容得很貼切：如果哪一天地球上所有女人早上醒來後，覺得在自己的身體裡真的很愜意，那世界經濟會在一夜之間崩潰。

自我價值感的意義

對心理學家而言，自我價值感具有中心地位。但是在心理學範圍之外，人們對自我價值感的確切內容卻有些混淆不清，因為其他類似概念如自我**意識**，自**信**或自我**接受**等字經常且近乎隨便地出現在我們耳邊，但是在心理學上的意義只是自我價值感的部分面向。[24]

現在還是搞不清楚自我價值感究竟是什麼的人，其實只要好好傾聽自己和別人就能發現：一個有良好自我價值感的人對自己的描述通常是正面的。我們可以發現並察覺到他對自己的態度是「我這個人很ＯＫ」。一個有負面自我價值感的人對自己的看法比較嚴格和負面。

自我價值感也可以形容為對自己的態度。但是我們是如何產生這樣的態度呢？自我價值感由不同的成分組成，其中社會環境扮演了一個重要角色。自我價值感建立在別人對我們的說法和看法，或是人們對待我們的方式。最核心的部分首先來自家庭裡。可以稍微籠統地說，主要用懲罰方式來教育孩子的父母會減弱一個人的自我價值感，而採取支持和包容態度的關係人可以穩固並加強自我價值感。

成長後，自我價值感大部分取決於一個人受歡迎的程度，是否融入社會，事業上有成就，或是有沒有令人滿意和穩固的配偶關係。不難想像，相反的情況都會大大減損自我價值感，例如失敗，失業或是離婚。它們就像是對自我的攻擊。侮辱也是造成心靈傷害的特別原因，在治療上不斷要花很多功夫處裡。

依附關係：我們生命中的人

人類需要其他人。想要擁有穩固並充滿愛的關係是根深柢固的生物需求。這個需求在生命開端尤其保障了赤裸裸的生存機會。我們是缺乏保護的孩子，必須依賴別人照顧。但是這個對緊密關係的需求並不會在童年後就停止，它一輩子都會在。透過腦部掃描所做的研究證實（而且每個經歷過失戀、拒絕，或是悲傷的人早就知道）：跟一個所愛的人切斷關係，或是被一個團體排擠在外，我們的感受就跟身體上的痛楚一樣糟糕。原因是，這兩種感覺都是由同一個腦部中心來處理。

一個才六個月大的嬰兒不喜歡媽媽溫柔地關心別人，即使只是一個洋娃娃。嬰兒常常以哭泣為回應，或是想辦法用手勢或喊叫儘速贏回母親的注意力。大一點的孩子甚至會對洋娃娃生氣，跑過去揍洋娃娃。如果媽媽看書或是玩拼圖，對孩子的困擾比較少一點。從這裡可以推論出，我們每個人都想在團體中占有一席之地，並且透過激烈的機制如吃醋和嫉妒來保有這個位子。

也許現在一切看起來理所當然，但其實上一個世代的情形並不一樣。心理學到很晚才開始研究人對依附關係的深度需求。特別在母子關係中，長久以來的主導觀念是衣食供給比關懷照顧更重要。美國心理學家哈利・哈洛（Harry Harlow）一九五〇年代末期開始做一個實驗，他原本期望能證實這個想法，卻得到完全不同的結果。

哈洛把彌猴分成三組：一組跟母親分開，由一個助理定期餵食，此外沒有接觸其他生物。第二組有一個用鐵絲做成的「母親仿製品」，身上掛一個瓶子，小猴子可以從奶瓶裡吸奶。第三組除了「鐵絲母親」外還有一個「毛巾母親」。這個母親沒有奶瓶，但是有一個跟臉很像的頭和一個溫暖舒適的布料身軀。

小猴子常常在鐵絲母親的胸前喝奶，其他時間則依偎在毛巾母親的身邊。當然，它比較舒適。但是哈洛又想出一些點子：有時候他用可怕的機械怪物嚇小猴子。這些受驚嚇的小猴子不是逃跑到餵養牠們、提供食物的「媽媽」那裡去，而是給牠們舒適溫暖的媽媽那裡。很顯然，母愛比定期供給食物還要重要許多。

哈洛長期觀察這個發展，並得到嚴肅的結果。三組猴子成年後都有明顯的行為障礙，特別是那些沒有母親或是只有鐵絲母親長大的猴子，跟其他猴子在一起的時候，牠們要不是有攻擊性，就是比較退縮。在交配行為上也有障礙，當其中的猴子也成為母親後，情形尤其戲劇化：幾乎沒有一個母親能好好餵養自己的寶寶並給予關懷，甚至常常暴力相向。整體來說，沒有鐵絲母親或是毛巾母親的猴子情況最糟糕。牠們還是嬰兒的時候就已經有嚴重的行為障礙，對外界刺激幾乎沒有反應，**情感慢慢地凋零**。牠們的動作單調僵硬，並會冷漠地坐在角落裡。

心理學家稱之為「匱乏行為」，毛骨悚然地貼切描寫了這個狀況。匱乏（Deprivation）源自於拉丁字「剝奪」，一開始缺乏真正關懷動物的身上正是發生了剝奪的情事。牠們以及後代被剝奪了亟需的家庭溫暖和愛，通常也被剝奪了一個能心滿意足生活的未來。

童年和依附行為

依附關係經驗不好的孩子常常有一生的缺陷。在不同生活階段把他們與有穩定關係的孩子相比，關係穩固的孩子幾乎在所有研究面向都有明顯優勢：他們比較有自信，能發揮自己的影響力，接受重擔，並且在人際關係中居主導地位。與依附關係不穩定的孩子相比，老師與同儕認為他們比較合群，能建立關係，比較有同理心也比較受歡迎。他們較能控制本能衝動，也較能表達自己的願望和感覺。[25]

我們在生命初始經歷到的依附關係，大大決定了後來其他所有的關係。不限於對配偶或是對孩子的愛，還包括跟朋友、工作同事和其他人。單身者如果有足夠的正面關係，也可以活得滿足和健康。對此我們需要對良好可靠的關係有正面想像，最好是自己的經驗。

模式不一定要來自母親或父親。但由於種種不同原因，父母有時候不能擔任這個任務。很重要的是可以由其他人接手。有時候一個人就夠了，老師，外婆，教育者，他給予關懷，拯救我們對關係的需求。

我們的身體很樂意攝取過量食物，但是如果不行，它也可以轉為節約模式，以極少量的卡路里維持所有器官運作。心靈偶爾也能如此。

近來美國許多醫院會提供父母是吸毒者的新生兒所謂的「擁抱照護計畫」。因為他們的父母常常不在，而護理人員也幾乎沒有時間滿足這些嬰兒對親近、接觸和安撫的大量需求，所以很多志工接手這項任務。不只是好玩地擁抱嬰兒這麼簡單：那些得到體貼和定期照顧的孩子發展得比較好，需要的醫療照顧和藥物也比較少。

如果沒有體驗過良好溫暖的依附關係，終生可能會有慢性的恐懼、痛苦、受遺棄、悲傷和無助的感覺。有缺陷的依附關係是目前認定形成心理障礙症和上癮行為的最大危險因子。

即使對依附關係的需求在童年得到充分滿足，但是短暫隔離就能對生物發生毀滅的效果。從實驗中我們得知，老鼠在幾天內沒跟同類接觸就會顯現強大的壓力反應。對隔離監禁囚犯做的實驗也得到極為類似的結果。大多數囚犯幾天後就出現創傷後壓力症候群的症狀。他們受惡夢折磨，出現恐慌，或是傷害自己。

掌控和獨立自主：我們就是老闆

來我診所的人往往有過驚人的遭遇：他們被毆打，受虐待，從自然災害或車禍中逃過一劫。我經常聽到的是：「我可以面對身體遭受的傷痛，卻不能面對軟弱無能的感覺。」這種無力和無助的感覺會出現，尤其是因為他們對掌控和安全的基本需求受到了侵害。

心靈是控制狂，無時無刻要確認我們能掌控置身的情境。每一個情境。任人宰割是一個人所能經歷過最糟糕的。難怪失控就像直接感覺到喪命的危險。這種感覺對心靈造成的震撼比經受到的痛苦更持久，更嚴重。同時，如果痛苦是伴隨失控而來，痛楚會更強烈。幾年前醫院開始針對此做出回應，例如允許病人在重大手術後做一件以前不可能同意的事：讓病人自己供藥。如果病人可以用幫浦自己施打止痛劑，叫做「病人主控的止痛療程」。

透過這項措施，藥物用量一點也沒有增加，反而下降了。一方面因為病人能在痛楚過於強烈之前迅速行動，另一方面也因為疼痛或恐懼會立即啟動對掌控的需求。如果我們能自己採取行動對抗疼痛，就會覺得這個情況所帶來的壓力比束手無策更少一點。

每個人都需要能克服各種情況的感覺，情況不限於極端或是生命出現危險，這種感覺在日常生活中也很重要。很小的時候我們就培養了感受自己能發揮作用的能力。我們不斷嘗試達成任務，了解自己是否會成功。視經驗而定，我們發展出一套基本信念，判斷是否值得為了某件事花功夫。經常體驗到自己的行為能改變事情的人，比較會相信自己，並獲得「我一定能辦到」的心態。心理學家稱之為高度的「自我效能期望」。

有高度自我效能期望的人對生活的滿意度比較高。他們覺得比較快樂，比較有自信心，抗壓性也比較好。因為他們不把某些情況的壓力當作壓力，而是一種必須克服的挑戰。他們覺得這些情況是能掌握的。此外，如果相信自我效能的人不滿意某些事，他們還特別善於改變現況。他們堅信，能透過自己的行為來實現目標。在實現過程中會表現出「執著」，也就是特別的毅力和耐力。[26]

與發揮自我效能相反的人是所謂逃避的人。這樣的人對阻礙有完全不同的看法：他們不把阻礙當挑戰，而是當威脅。比較害怕因阻礙失敗，而不是想克服它。

如果對掌控的基本需求不斷受到打擊，會產生一種現象，心理學家稱為「習得的無助感」。美國心理學家馬丁．塞里格曼（Martin Seligman）在一九六〇年代發現了這個現象。塞里格曼當時將巴夫洛夫的古典制約實驗加以擴大：一組狗的腳掌受到中等強度的電擊。牠們被套在狗具中，無法閃避不舒服的電擊。另一組狗可以觸動操縱桿來停止刺激帶來的疼痛。第三組狗什麼事也不會發生。接下來把三組狗放進一個箱子裡，箱子中間有一道低矮的阻隔，將箱子分成兩部分。在箱子的一邊，狗再度受到電擊，在箱子的另一邊，牠們是安全的。所以牠們可以從箱子的一邊跳到另一邊來避免疼痛。那些第一次感受到疼痛的動物馬上跳到安全的一邊。之前能操縱電擊的狗也這麼做。但是第三組，那些知道無法改變什麼的狗，牠們的反應令人不安：沒有一隻狗逃避疼痛。這些狗躺著不動，任由電擊繼續折磨。牠們**學習到了**無助感。

無力感和掌控的需求

這個現象本身不只是動物的問題，也是一個深沉的人類問題。這個現象得到許多其他實驗證實，我每天在診所裡也會遇到這樣的病人。一個人越常遭遇到不受控制的情況，內心就越深信自己對外來有害的影響無能為力。掌控的需求受到侵害是心靈的毒藥。不只是經歷到巨大嚴重事件才會有這種感覺，有時候損失了很多錢，被騙，或是遭到解雇也足以產生這種感覺。在這種情形下的無力感是有害的，也會對未來發生的事產生不良影響。

掌控的基本需求還包括另一個強烈需求：獨立自主的需求。每個人都有一條應該受到他人尊重和保持的界線。一個屬於自己，不容別人踐踏的領域。每個人都想發展自己，成為獨立自主的個人，決定自己的生命。

我們可以在孩子身上清楚觀察到，追求獨立自主的需求在人類身上的印記有多深。直到某個年紀，孩子覺得跟母親是一體。然後慢慢明白他們是獨立的，具有個人能力和個人意志。從那時候起，也希望別人能如此看待和尊重他們。父母說：「自己做！」可是會讓自己發瘋。在孩子身邊忍耐半小時，直到迷你小手自己拉上拉鍊，冒上了上班遲到的風險，卻滿足了孩子一個非常重要的基本需求。

破碎的依附關係會傷害我們，沒有受到維護的獨立自主同樣也會傷害我們。面對孩子逐漸獨立自主的決定，如果父母的反應是處罰，可能會因此提高孩子失去依附關係的恐懼，而決定大量放棄獨立自主的需求以保持依賴性。基本上這兩個需求一直處於衝突狀態：一方面我們一生追求親密和依附關係，另一方面又需要距離和獨立。

獨立自主也有可能被占有慾強的配偶、宗教或是政治所剝奪。打探或偵查別人隱私是不尊重人際界線的行為，不論是偷看日記，檢查手機，或是配偶查看戶頭的流動。傷害獨立自主的行動會播下不信任的種子，發展成心靈妄想症。

尋求樂趣和避免反感：求取所有的美好

我們不太會意識到前三項基本需求，卻能明確感受到第四個需求，且無時無刻以它為行動依據。葛拉威稱之為「尋求樂趣和避免反感的需求」。說得隨意一點：我們不斷尋找美好有趣的事物，並且避免所有不好和痛苦的東西。享樂主義這個概念很貼切。但是這個概念的名聲最後有點不好，因為它常常與過度的自私主義掛勾。但是從心靈的角度來看，關心自己幸福的熱烈渴望是必要的，而且別具意義。

第四個基本需求想要保護我們的身體：攝取能消化的食物，幫助身體維持一定的體溫，避免所有會傷害或可能有害的東西。為了絕對不讓我們疏忽這項任務，身體配備了不是特別委婉的回報系統：有疼痛系統，噁心系統和恐慌系統，每個系統都有專屬的神經細胞。在這裡可以特別看清楚身體和心靈如何合作：心靈透過這些機制維持身體健康。它保護我們，對生存不可或缺。

如果其中一個系統不能運作了，日常行動便會對生命造成真正的危險。美國腦科學家雷夫．阿多爾夫斯（Ralph Adolphs）在一個病人身上觀察到這個現象。一場腦炎破壞了病人負責噁心的腦部結構，噁心感覺因此憑空消失。病人喝腐敗且結塊的牛奶，並且覺得很好喝。沒有人喜歡噁心的感覺，但是我們不能沒有它，因為它可能已經救了我們好幾次命。

我們皺鼻子，受凍，或是覺得太熱，我們繞一大圈避開一個危險：這是尋求樂趣和避免反感的基本需求，免於我們不斷陷入不愉快。我們追求舒適，想避免不舒服的狀態。

有些科學家也把冒險的樂趣（掌控和安全基本需求的另一面）算進生命中最具趣味的事物中。這裡透露出造物者的幽默：安全雖然是基本的，但是如果一直處於安全狀態，也有可能會無聊。所以我們也有相當明顯的冒險精神。其中包括到遠方的國度旅行，閱讀偵探小說，做研究或是發明。

對一些人而言，這裡也應該包括玩的本能。情緒專家雅可・潘克塞普（Jaak Panksepp）對此深信不疑，他替自己贏得了一個特別的名聲：替老鼠撓癢的人。實驗室的動物鮮少有過得好的，你讀到這裡應該已經很明白。但是也有例外：潘克塞普實驗室裡的老鼠曾經歡笑過。潘克塞普注意到，實驗室老鼠彼此玩得很久也很盡興。他和工作人員一直不斷聽到同一個聲音，過了很久，一個工作人員提了一個問題：「牠們有可能是在吱吱笑嗎？」

我們喜歡把笑這種不會騙人的快樂表徵單獨歸類到人類特性上。潘克塞普用實驗室老鼠證明了不太一樣的結論，而且是用最簡單的方式，在他孩子身上也屢試不爽：他給老鼠抓癢。在實驗室替老鼠抓癢的時候，他打開一個儀器，可以聽到老鼠高頻率的聲音。去看 YouTube 上的相關影片就不會懷疑：老鼠笑得筋疲力盡，很開心地跟在潘克塞普的手後面跑，因為還沒玩夠。

如果老鼠累垮了

但是老鼠絕對不會做一件事，因為這看起來真的是專屬人類的行為：喝啤酒。或是咖啡。或是抽菸。這裡還可以拋出一個非常基本的問題：為什麼我們本來就有一個內建羅盤，告訴我們什麼對我們好，什麼不好，人類還是會做出那麼多不理性的事？

原因在於：人可以把需求重新編碼。他可以改變對事情好壞的看法。沒有孩子來到世界就會覺得：「喔，紅酒多好喝啊！」孩子對所有嚐起來苦味的東西都有明顯反感，所以會對大部分的蔬菜退避三舍。因為帶點苦味的東西可能有毒。這種反射反應是內建的。雖然如此，幾乎每個人到某個時候都會擺脫這種反應，並且極有可能帶著愉悅的心情食用其中一種物質，而我們原本卻對這種物質天生具有反感。原來警報系統會拒絕葡萄酒、啤酒或是咖啡，儘管如此，這些東西卻廣受世人喜愛。

原因在於，我們的基本需求不是一項接著一項出現，而是同時出現。有時候還一團混亂，因為它們想同時得到滿足。例如當我們跟朋友出門並喝下生平第一杯啤酒的時候，我們心中想要擁有歸屬感，也就是建立依附關係的願望可能會取得上風，戰勝了噁心系統的反抗。最後雖然啤酒是苦的，但還是好喝，因為我們想屬於那些喝啤酒的人。科學家稱之為「口味的改造」。我們越常把喝啤酒跟同伴和喜悅連結在一起，就越會改變對啤酒的感官印象，並賦予它正面評價。啤酒就轉換到另一個範疇了：一個原本應該避免而且根本不好喝的東西，卻變成了充滿樂趣的東西。[27]

我的刻板模式，你的刻板模式

處理基本需求的經驗影響心靈至深，沒有其他東西比得上。無論在生命中的任何一個時間點，它們都絕對重要。因為需求有沒有獲得滿足以及滿足的方式，都會塑造出內心的信念和思考模式。

模式是這麼一回事，我們的腦愛它勝過一切。偶爾抬頭望向天空的時候，白天裡總會找尋動物形狀的雲朵，夜裡則會尋找星座。模式讓我們對世界有一個濃縮的印象，而我們學習透過模式來理解這個世界。蘋果長在樹上，水是濕的，鳥會飛。這是我們內化的三個基本看法，而且會保留一輩子。「少小不努力，老大徒傷悲」

這樣的諺語雖然並不正確，也被當成一種知識模式銘記在心。因為我們一生都會不斷學習物理、生物和社會模式。

除此之外，我們還會遇見心靈模式，心理學家稱之為「認知基模」（cognitive schema）。基模的作用基本上跟模式一樣：把現實世界做了一番整理。它們是刻板印象，我們透過它們來觀察自己、別人和其餘的世界。它們跟物理學或是生物學沒有太大的關係，而是完全由我們個人的經驗產生。尤其是那些滿足基本需求所得到的經驗，以及一生尋求印證這些基模的經驗。我們會區分自我和關係的基模，它們可能是正面的，也可能是負面的。

這個命名不是特別有創意：自我基模是對自己的基本看法。關係基模是對關係的基本看法。基模不是經驗本身，而是從經驗總和得出來的結論。

例如周遭環境常常會贊同或是接受我們是什麼樣的人，自我價值感的需求可以說得到了滿足，我們就會內化一個正面的自我基模。同樣情形也適用於有良好經驗為基礎的關係上，我們會從中推演出一個正面的關係基模。

如果不斷被別人貶低或處罰，並產生一種格格不入或是不夠格的感覺，我們有可能會得到結論：「我不值得人愛。」屢屢出現不好的經驗則會產生如「我是魯蛇！」以及「我不重要！」的基模。如果這樣的回饋來自於（家庭）關係，常常還會多加上一個負面的關係基模。因此我們可能相信：「關係不可靠！」「我們會被拋棄！」或是「只有努力維持才能讓關係持久！」。

我常在診所裡遇到這種基模，有時候基模尖銳到：「關係很危險。」有這種想法的人，內心經常處於拉鋸戰。一方面他們跟每個人一樣，對關係有自然的需求，另一方面又嚴峻拒絕關係。因此會產生這種想法：「我必須保持單身，沒有人適合我。」

心靈的基模在一件事情上跟其他在一生中內化的模式有最基本的差異。我們不僅是用**認知**的方式（也就是在邏輯層面上），例如像數學或是生物公式來處理心靈基模。如果關係到自己和關係，一直會用**情感**，也就是強烈的情緒來處理基模。我們不只把模式儲存在記憶中，還儲存了相關的感覺以及基模如何形成的記憶。所有東西一起牢牢烙印在神經結構裡。

我們可以不動感情地解開交叉相乘的數學問題，但是只要有事情讓我們模糊想起「我是魯蛇」的基模，一陣痛苦狂潮就會襲捲而來，發生得自然而然，不是在有意識，而是在充滿感情的情況下發生。我們可以說：當某個人對某件事反應特別激烈，他內心正有一個強大的基模被啟動。有些人對特定東西的反應比其他人敏感，而其他人並不知道為什麼。我們傾向責罵反應過於激烈的人，或是侮辱他們是神經病，或是替他們蓋上瘋子的戳記。但是這個人的反應相當有可能是來自深層自發性的心理機制：他正碰觸到一個非常嚴重的心靈傷痛。

除此之外，基模也大幅決定了我們的生活，決定我們的能力表現和社會關係。或者換句話說，決定我們如何經受生命的考驗。如果生命像一場馬拉松，基模就像沿途呼叫的人。在奮戰激情中我們看不到它們，但是聽得到。對賽跑來說，跑道旁有人對你喊：「你辦得到！」或者「不會有結果的！」都會造成關鍵。

基模的抵抗力特別頑強：雖然它通常在生命早期就已經形成，但之後幾乎不會改變。它有抗性，並且很固執。[28]很不巧，我們的基模還會一再得到印證。然而不是經由現實世界印證，而是透過我們觀察現實世界的濾鏡得到印證。因為心靈在某些方面有點類似來自矽谷的演算法。

為什麼心靈有點像臉書

幾年前美國人艾力・帕利瑟（Eli Pariser）心裡想，不知道他的保守派友人到底在做什麼。他雖然認為自己是政治上的進步派，但是在臉書上跟一大群態度保守的人是朋友。有一天他突然發覺，這些朋友中似乎沒有一個人再上傳什麼消息，所以他決定直接去他們的主頁看一看，看了之後大吃一驚。保守派朋友明明有上傳許多貼文，臉書卻隱匿了這些消息。根據臉書收集帕利瑟活動的看法，它認為帕利瑟對與他態度不一的朋友貼文不會感興趣。這件事讓帕利瑟很詫異，並開始深入研究這個現象，今天這個現象以「過濾氣泡」（Filterblase）為名。

過濾氣泡的運作方式是這樣的：每當臉書或是Google，以及其他新聞網頁給我們看某條新聞時，並沒有給我們看到世界真正發生的事，而是它們認為我們最感興趣的事。它們從我們在網路上的個人行為推論：瀏覽什麼網頁，點閱什麼貼文，或是對什麼東西按讚。演算法會評估一切，並形成對我們的「看法」，確切地說是「模式」。不管我們會收到結算報告還是蛋糕食譜，我們只會遇到自己喜歡的和一切跟我們世界觀相符的東西。剩下的大部分東西會與我們擦肩而過。

我們可以認為，那些聰明人剽竊了腦部的機制，因為腦一直以來都給我們看能證實我們世界觀的東西。每個時間都有無數的資訊迎面而來。如果照單全收，就會被洪流淹沒。所以我們會過濾。絕大部分資訊會被排除，不經審查優先通過的是所有那些符合我們期望、利益和信念的資訊，其他資訊則會淡出我們的視線。

舉一個簡短，典型，但是有性別歧視的例子：認為女人不是好駕駛的人一旦讓一位女士開車撞上他或是她的車尾，會覺得自己的想法得到十足的證實，而他遇到無數次優良女駕駛的經驗都立即被拋到九霄雲外。美國心理學的創建者威廉·詹姆士（William James）一百七十多年前就確認：「我的經驗是我決定要注意的事的表現結果。」今天人們把類似現象稱為「確認偏差」（confirmation bias）。如果事關心靈的基模，這個偏差也就特別明顯。

如果我們有負面的自我基模，例如「我沒有能力」，我們就會特別把焦點放在證實這個看法的資訊上。我們會把批評當作貶損個人價值，儘管這個批評有可能客觀且有建設性。或者把自己犯的錯賦予較多意義，卻不重視做對的事。

這聽起來相當荒誕不經，但是得到科學的充分證明，我們的腦比較關心自己，而不是現實世界。腦科學家認為，我們的內心世界跟外面世界的關係基本上比較鬆散。經由感官系統輸入的資訊，也就是所有我們看到、聽到、注意到的東西，只占了所有神經活動極微小的百分之零點一。這意味著，人腦只有極小部分處理周遭發生的事，而有超過百分之九十九在處理自己的事：它建構一個現實世界的圖像，這個圖像跟內心世界的關聯比跟外在生活的關聯多。[29]因此人腦覺得模式或是基模超級棒，並且堅持不斷創造新的基模。使用基模可用瘋狂的速度工作，而且很實用，比用現實的資訊更有效率。人腦不須一直重新學習所有東西，加以評估，然後決定該如何反應。它只要比較那些看起來熟悉的東西和已經存在的東西。如果我們準確地看這個過程，人腦甚至不會等候現實世界的資訊，總是領先一步。

生活在同溫層裡

當最新趨勢是練習隨時隨地保持警惕，腦的想法卻會有些不一樣。它不斷想像情境，揣摩這秒之後的後續發展。它不喜歡驚喜，最喜歡得到它所期待的東西。所有其他不一樣的東西會讓它亂了方寸。因為人腦總是搶先一步，所以我們無法為自己哈癢，雖然這也是件有趣的事。但是由於哈癢動作是由身體自己導入，所以知道接下來會發生什麼事，缺乏了驚喜，所以不會成功。

幽默是一種驚喜的特別形式，人腦覺得舒服的驚喜。除此之外，它對出乎意料之外的事真的沒什麼好感。如果某事不吻合它的期待，尤其是不符合心靈的期待，它會很敏感。所以人腦有一套專門用來比較和調整的器官：比較儀。[30]

聽起來有點像軍事儀器的感覺，卻是一個重要的神經單位。它不斷產生期待，特別對我們正遭遇的事是否與內心的基模有交集感興趣。例如，是否有東西讓我們記起「我不重要」的信條。

有趣的是比較儀如何運作。從神經細胞來看，它是一種交接點，介於邊緣系統，「聯合皮質」以及其他例如對學習和辨識人臉很重要的區域之間。我們可以說，在比較儀中，我們的心靈跟腦部的每一個部分攜手合作。腦部管理所有經驗、收集到的背景知識、評估和行動策略。換句話說，比較儀能直接使用基模和處理這個基模的行為。

在平常的日子裡，比較儀的輸出結果可能看起來是這樣：我們遇見一個男人。他長得很好看，對我們很友善，而我們卻逃離現場。因為一個友善帥氣的男人可能啟動了「他會傷你的心」的刻板印象，我們根據以前的經驗對友善好看的男人形成這樣的印象。好像只是按一個鈕就引發這個反應，比思考速度快很多。邊緣系統的工作速度是每秒一百二十公尺，比我們用意識感知到的所有東西快了四倍。

心靈的應對策略

我們的基本看法（不只是心靈的）在生活中操控我們，悄悄躲在我們做的任何決定後面，決定我們遇到事情的反應。如果我的想法保守，選舉取向也會是如此。如果我同情動物，我就會繞過賣烤雞的攤子。我們的態度決定了行為。

心理學家把與基模有關的行為區分為兩種類型：有正面的自我和關係基模的人尤其會採取「適應策略」。這意味著，他們特別會爭取一些經驗，藉由這些經驗得到更多他們已經擁有的東西。某人具有正面的自我和關係的「我值得被愛」刻板印象，會敞開心胸接受感情。因為他能理所當然好好地接受愛情，刻板印象再一次得到正面印證的可能性也很大。他是個快樂的人。

有正面自我基模的人常常會受益於一種現象，這個現象其實看起來有點不公平：「馬太效應」。這個論點原本出自社會學，它描寫一個原則，指出一個人目前的成就並不是經由現在的能力表現所獲得，而是奠基於以前的成功。當然：一個人得到比較高的在學成績，就有讀大學的機會，以後還能找到高薪的工作。如果繼承了財產，他就有機會運用這筆錢投資來賺取更多的錢。生命中的優勢會相得益彰，心靈中的優勢亦然。起步時的小優勢，例如有個愉快的童年和許多正面經驗，可能會在生命中擴展為「贏者通拿」的結構。成功往往帶來更多的成功。這個原則稱為馬太效應，因為它援引馬太福音的內容：「凡有的，還要加給他。」

在有問題的人身上基本都會遇到相反的境遇，起步上的弱勢常常延伸出其他問題。如果有心理問題，原因通常是對自己、關係和現實世界的負面看法。因為負面的基模一旦啟動，會引發不安全感、恐懼、逃避或是錯誤的詮釋。我們感受到難以承受的情緒，內心的一切又故態復萌。

就像身體不想長期偏離標準參數，不斷用維持恆態的所有方法來對抗外力影響，心靈也一直在努力恢復常態。不管怎樣，心靈要達到滿足和心平氣和。努力達到這個目標的方式，心理學家有時稱為「因應」（Coping），也可簡單稱為應對策略。

每個人都會採取不同的應對策略來平衡負面情緒。仔細地說，我們一直有三種可能選擇：

1. 屈服
2. 逃避
3. 彌補

值得注意的是，這些策略極為類似演化生物學上的反應，身體運用僵立、逃跑，或是對抗策略來拯救自己脫離危險情境。如果我們明白負面基模也會造成危險，因為最終心靈也會受到威脅，那這個相似反應也就不再那麼顯著，而是相當具有邏輯。

選擇什麼樣的策略尤其跟基本性格有關。謹慎內向的人傾向往屈服的方向移動。衝動的人比較易於過矯枉過正，過度平衡。無論如何，這從來不是有意識的決定，而總是無意識，自然而然發生。

屈服

屈服於自己的基模，就表示把刻板印象當真，不準備反抗或是迴避自己的信念。如此一來，基模就會一直繼續被穩固。當一個情況讓我們想起從前，與此相連結的痛苦很快就出現：所以當我們面對一個刻板印象的時候常常反應過度。有時候只需要極小的引信。內心認為「我不重要」的人會察覺配偶任何一個心不在焉的時刻，配偶只消多看一眼天氣預報 App 就會構成問題。

負面基模有點像櫥櫃關門的裝置故障，櫃子裡的東西隨時會掉出來砸人。也許在某些情況下，因為另外一個人有完全不同的詮釋和評估而產生了爭吵。屈服於自己的基模並唯命是從的人還常常有一個傾向，他選擇的配偶會正好跟曾經傷害自己的父母行為類似，如果是一段受到配偶珍視的關係，他甚至會讓自己抽離出來。這樣一來，他能長期固守自己的看法。如果有人對他說一些親切的話，他會覺得不自在，並且常常把讚美反駁回去，儘管這些正面回饋對他很有幫助。但是讚美對他來說感覺不真實，好像有人跟他說水是乾的，蘋果長在地下。就是不符合他的刻板印象。這真的很複雜：我們越覺得自己糟糕，對讚美和肯定的反抗力也就越強。

人們會尋找與自己一致的資訊，下意識不斷地比較，那些從外面傳入耳朵的訊息是否跟目前的自我形象相容。自我價值感高的人專門找尋正面的肯定，自我價值感低的人幾乎只會找負面的回饋，並把負面的東西算在自己頭上，這是個人基模造成的結果。

因為用這種致命的方式一切感覺起來很一致，因此是「好的」，因為它這麼熟悉，並給我們安全感。心理學家稱這個現象為「尋找適合的回饋」（Search for feedback that fits）。長期來看卻會有嚴重的後果，因為這個人的自我價值感會越來越不穩定。

逃避

生物若是處於危險中，最直接的可能反應就是逃避。即使是單細胞生物，若有腐蝕性東西滴在它身上，它也會縮回去。逃避是形同反射動作的機制，而且很有意義：如果某樣東西看起來有危害，逃避就是對的，因為同樣的錯誤沒有人想犯兩次。

但是經常採取這種應對策略的人的情況就有點複雜。他們的反應不是因為有立即的危險，而是想藉著不斷修正，讓負面基模永遠不會活躍。他們在生活中避開那些可能引發刻板印象的情況，也常常不允許自己有相關的想法和感覺。如果內心還是生起這樣的念頭，他們下意識會喝酒、吸毒、吃飯、工作或是冒險，以盡快轉移目標。

逃避行為在伴侶關係中會有下列特徵：例如某人最大的恐懼是遭人遺棄，他會習慣把自己的需要（不計任何代價）擺在最後面，只為了抓住伴侶。如果伴侶最終正因為這種卑躬屈膝的行為而離開他，證實了他的恐懼，情況就會更悽慘了。

另一個人不斷拒絕別人的邀請，因為他有「我是一個無聊的人，沒有人會對我感興趣」的刻板印象，所以絕對不想遇到任何一種可能情況會印證他的恐懼。如此一來，這個人雖然短暫滿足了對安全感和掌控情況的需求，因為他逃避了他眼裡的危險。但是長期下來卻會導致依附的需求得不到滿足，有孤寂一生的風險。

越常選用逃避策略，它就越容易被啟動。一個人若是常選用逃避策略，就會逐漸把一些不是中立或者不是很有趣的場合給予負面評價，並啟動他的逃避策略，因此也會更常把自己排擠在那些本來可以幫助他達到目標的場合之外。

如果一個人有「我是魯蛇」或者「我不吸引人」的刻板印象，他就沒勇氣跟別人攀談，因為他認為會遭受拒絕。最後他一個人孤零零，並證實了他的看法。[31]

彌補

談到這個應對策略時，必須強調是過度彌補策略，因為面對基模的耳語，我們總是努力做出恰好相反的事。用力反擊一個內心的看法，這可以幫助我們逃避刻板印象引起的無助和脆弱。例如某個人缺乏感情關注，他可以在有需要的時候請求別人給予情感上的支持。但是在過度彌補的情況下，他的態度會轉為要求。這也是自戀者的典型行為，他們裝腔作勢，只為了不讓人把他們跟「我一文不值」的刻板印象連在一起。他們誇張的反制行動就是向世界大聲宣告「我是高智商！」或者「我很成功！」。認為自己是魯蛇的人也會做一切讓自己看起來不是魯蛇的事。為了得到成功和讚賞，他們像奴隸一樣賣力工作，有時候甚至做到虛脫。

有些基模非常強勢，會發出嚴格的指示：「做最優秀的人！」「做最重要的人！」「避免你可能會受到批評的情況！」這些都是對自己的命令。最不幸的是，我們是出於相反的原因才這麼做：我們追求成功不是因為它帶來快樂，只是想證明自己不是魯蛇。我們不是因為天性如此而表現得嫵媚迷人，而是因為我們認為其他方式不能引發別人的愛意。我們關懷照顧別人可能不是出自真心，而是認為若不這樣做，別人會離開。

這樣的行動雖然一直能達到效果，但是絕對不能真正讓人滿足。我們雖然降低了基模帶來的恐懼，但是不能消解內心真正的需要，因此心裡還是不滿意。表面上的正面效果如成功或是一段新關係雖然可以不斷舒緩情況，但是整個體系和基模還是相同的，所以還是要重新開始。

實際上這些應對措施名不副實，基本上不能解決任何問題。其實這種行為方式不利，只會導致下一個不利的行為。而且必須經常重複，因此在很多情況下會變成典型的行為。從它們延伸出來的不只是策略，有時候會成為一個人的個性風格。

個性風格

每個人都有屬於自己的個性，這大家沒有疑問，但個性是如何形成的？心靈的經驗塑造個性。所以個性不只透露了我們是什麼樣的人，也提供了關於心靈的資訊。心理學家更仔細地觀察。有些人的某些特性特別突出，可以稱之為個性風格。以下的一種或多種特性特別強勢[32]：

負責，仔細

有抱負，自信

好表現，感情豐富
警戒，懷疑
變化無常，隨興
親密，忠實
拘謹，孤獨
自我批評，謹慎
充滿預感，敏感
冒險犯難，不畏風險

用這個標準檢視親朋好友圈，一定會立即認出某些人具有一個或多個典型特色。也可以觀察一下自己。很多人也許已經知道自己的特色在哪裡。

大多數人較不清楚的是，這些個性特點對生命的影響有多深。個性風格引導我們和命運，因為我們會尋找符合自己風格的人與經驗，遇到事情也會按照它的原則反應。

當然，如果認真仔細是一個人的最高原則，這項原則會顯現在他生命的各個角落。他也會據此來評斷他人是否跟他一樣仔細，也很有可能尋找一份重視細心的工作。個性風格引導我們找到工作、愛好和伴侶，也決定我們是否比較喜歡住在城市裡，還是喜歡離群索居住在北海的小島上。

聽起來個性風格和脾氣有點類似，但還是有點不同。個性風格更是一個綜合體，結合每個人與生俱來的氣質，以及成長期間讓我們必須做出反應的種種條件。

即使是小小孩也不會對生命裡的一切照單全收。如果基本需求經常被忽略，他們會尋找策略自助，至少滿足基本需求裡的一些面向。視他們的基本氣質和心智能力，發展出一個又一個方法來解決面臨到的問題。雖然一開始先是根據嘗試錯誤原則。

如果爸爸一直不看孩子，而孩子亟需他的認同來增強自我價值感，他就會做些事情引起爸爸的注意：他會特別大聲，或特別小聲，也許張開無辜的大眼睛，或是抱怨肚子疼。也許扮小丑，或是畫一幅特別美麗的畫。如果其中一個方法讓他達成目標，他會好好記住用的是哪個策略，當有需要時，就會再採取同一個策略。33

每當一個策略成功，就會產生一些持久效果：從中會產生一種模式印刻在腦中，這模式完全符合赫布理論（Hebbian Theory）：「一起發光發熱的東西，也會連結在一起」（What fires together, wires together）。加拿大心理學家唐納德・赫布（Donald Hebb）一九四九年推出了這個假設。特定神經元越常被啟動，連接也就越堅固。每當一個人找到在某方面很有幫助的成功策略時，就會建立起一條神經細胞軌道，以後只要情況需要，馬上就可以啟動。一條神經小道很快會成為四線的高速公路。不見得會因為個別事件導致（即便有也是很困難），而是會透過不斷重複造成。小孩較能夠克服父母離婚的傷痛，因為總比經年看著父母惡言相向要好。條件越是恆定，反應也越固定——不論情況是好還是壞。反應的形式會保持不變，即使當時的人現在早已長大，反應還是會帶到成年。

如果父母管很多，小孩必須時時注意不逾越規矩，這個人長大後可能會一直保持警覺而且不信任別人。一個人嚴格堅守法律和秩序，因為他小時候只在遵守父母嚴格規定的時候才得到關注。

雖然每個人都有顯著的人格特性，大多數人還是能靈活面對生命中不同的要求。偶爾也必須偏離自己的風格。持懷疑態度有時候是好事，但也要能信任別人，才可以跟人建立良好關係。善於表現讓人覺得有趣，但是在某些場合要能克制自己。有時需要冒險精神，但在別的時候要具備多一點風險意識。大多數人可以靈活反應不同情況，在各個特性之中來回變換。他們能適應。但也會有人不能做得那麼好。例如他們總是過度仔細，不斷檢查所有東西，並期望別人也達到同樣標準。有些人很害羞，開始迴避人和情況。有些人很有自信，只想到自己，很難想像別人的需求也很重要。

人格障礙症

人格障礙症通常維持長久，有可能一生都擺脫不了。有障礙的人本身不一定會覺得痛苦，但是這些障礙往往是引起其他障礙和疾病的溫床。這種所謂的**多軸障礙**如果結合了不同症狀，會對病人的生活品質產生嚴重後果，因為他們的行為模式大多遠遠偏離能靈活且適應情況的行為和體驗，對在社會上、工作上以及私人共處的影響極為負面。然而我卻常常遇到請求治療心理障礙的申請被鑑定人駁回，因為這些人格障礙症的**主軸**（例如恐懼，憂鬱或是強迫症）並不存在或是不充分存在。拒絕的論點大多指向只有當病人有充足的痛苦壓力，也就是當整體障礙達到了疾病的標準，才有治療的必要。因此人格障礙症本身不會被界定為疾病。

特別在這裡要表示，我希望病人不要一直等到出現嚴重病痛才去就醫，而是及早接受治療，也希望健康保險會負擔這個意義重大的預防措施費用。

這樣的障礙究竟會有什麼影響？

有些人失去了對不同情況做出適當反應的靈活性。他們被行為模式局限，一方面無法適應環境，另一方面又期望環境能配合他們。但是這樣通常行不通，並常常會替這些人帶來挫折、惱怒和無力感。

如果思考和行為模式太死板，導致和周遭環境經常出現摩擦，心理學家就不會再說這是個性風格，而是人格**障礙症**。因為特定的特性過分突出了。我們可以想像控制聲音大小的開關。風格的每個細微差異都能發展成心理疾病，但它們其實僅僅是一個風格的極端表現，或是風格的劇烈變形。

個人風格	人格障礙症
負責，仔細	強迫型
有抱負，自信	自戀型

好表現，感情豐富	做作型
警戒，懷疑	妄想型
變化無常，隨興	邊緣性
親密，忠實	依賴型
拘謹，孤獨	類精神分裂型
自我批評，謹慎	膽怯且沒有把握型
充滿預感，敏感	分裂性
冒險犯難，不畏風險	反社會型

很多人都帶有兩三種強勢特性的個人風格，醫生也經常開出人格障礙症的診斷。根據資料顯示，一些研究認為總人口中有百分之八到十二的人擁有一種人格障礙症。

醫學診斷分類系統中一共區分出十種人格障礙症。這裡列出我在診所裡最常看見的幾種類型。

自戀型人格障礙症

說到處罰和詛咒，希臘神話中的神與英雄的主意相當創新：回音的聲音被搶走了，沒人相信卡珊德拉的預言，一個叫做納希瑟斯的美男子被判決要永無止境地愛自己。愛自己本身是好的，但如果愛停不下來，問題就嚴重了。納希瑟斯必須自嚐苦果，他在泉水邊深情凝望自己的倒影時，跌入水中淹死，生命因此嘎然而止。不過至少有水仙花以他命名，以及日後心理學上行為障礙的病兆：自戀狂（Narcissism）。

特別是今日，死於自拍的人還多於被鯊魚攻擊的人的時代，自戀的概念成了大眾討論的對象。有時候我們很快被罵成自戀狂，有些人也確信，現在美國正被一個自戀狂統治，又有人宣告自戀時代來臨。但是自戀型人格障礙症的病兆還是有點不一樣。

有自戀型人格障礙症的人會讓人印象深刻。他們通常很有魅力，成為每場派對的焦點，辯才無礙，活潑，迷人又多變，他們尤其能從中獲取好處。身邊有個自戀的人，在短時間內會讓人覺得亢奮，受到鼓舞。因為他上進有抱負，很有才幹。但是長期來看，情況大多會變得很麻煩。因為他想要為他的付出獲得代價：毫無保留的讚賞。一個自戀狂對自己的出類拔萃很有自信，他認為自己不一樣，而且要全世界都跟他有相同看法。他覺得自己不可一世的時候，周遭的人想到的卻可能是完全不同的形容詞：傲慢，自戀，自大，自私，自我中心。

自戀狂認為他有權要求受到優待。規則和傳統慣例不適用他，不必遵守。例如在超市排隊有傷他的尊嚴，最前面的位子才是屬於他的。而且無論何時何地都是這樣！他似乎不覺得有什麼問題，就算他有問題，那也都是別人的錯。說到別人：他對其他人沒什麼興趣。他很難，甚至完全不能設身處地替人設想。他的需求說什麼都比較重要，其他人存在就是為了欣賞他，不這麼做的人得小心了。若是批評他或甚至讓他丟臉，他的反應常常是心懷報復或怒火沖天。這也難怪，因為自戀狂用爆發激烈情緒來保衛一個可怕的事實：他並沒有自己認為的那麼偉大。自戀不是詛咒，而是一個教育上的錯誤，甚至基本上是兩個錯誤。很少有兩個對立原因會造成同一個病兆，但是自戀狂是這樣。

所以基本上可以分成兩種不同的類型：「玻璃心」，也就是脆弱的自戀狂，和「執著的」自戀狂。看一眼玻璃心自戀狂的外表底下，景象非常悲哀，因為高高在上的裝腔作勢後面是一個受了傷被遺棄的小孩，覺得自己很沒有價值。但是世界上其他人絕對不能知道這件事，所以自戀者處於長期表演的壓力下。有個令人難過的統計數字告訴我們，長期堅持這個掩飾技術有多困難：在所有患有人格障礙症的人當中，他們的自殺風險最高。脆弱的自戀者早期缺乏正面關懷、讚賞和愛。他們對穩定的自我價值感的基本需求嚴重受到忽略，因此經常受到自卑感和恐懼失敗折磨。他們覺得自己卑微不重要，製造出來的所有偉大形象正是為了盡可能掩蓋和彌補這種狀況。這類形式的自戀狂最常見。

相反經驗會造就執著的自戀狂：透過過分關懷和不停的誇獎。如果父母不斷將孩子高舉到領獎台上，他有可能就留在上面不下來了。他內化強烈的要求態度，對自己的看法距離現實很遠。他常常不知道別人也有權利維護自己的需求。想把這種人從高高在上的位置請下來，都會被他們視為生命威脅，並與之對抗。自戀狂若是受到批評或是沒有得到足夠關切，就會傾向於貶抑他人。因為批評動搖他們極大的自我懷疑，所以用大力的反擊來拯救自己。

古希臘的處罰方式富有想像力，流傳下來的神話也一樣。納瑟西斯淹死只是這個故事的一個著名結局，另一個結局是這樣的：一片葉子從樹上掉下來弄皺了水面，也破壞了美麗納瑟西斯的倒影。他最後死於悲傷，因為看見醜陋的自己無法忍受。

膽怯地逃避和沒自信的人格障礙症

具有逃避和沒自信人格障礙症的人，內心世界是絕望的：覺得自己遲鈍笨拙，不吸引人，比大多數人差。他們的「自我基模」是最糟糕的那一種，在團體中常常覺得不自在，因為他們一直認為會遭受拒絕、批評和嘲笑。他們害怕會出醜或是被鄙視。因為內心恐懼如此巨大，從很早就開始逃避那些可能會讓恐懼成真的情況。

他們尋找盡可能不要與人接觸的工作，挑選的任務通常也在能力範圍以下，因為失敗的風險比較小。他們拒絕邀請，避免親密關係，這樣可以不用害怕受到評論，也不會有被拋棄的危險。他們常常這樣為自己的行為辯護：「我完全不適合這樣的場合」「我沒有什麼好聊的」或者「我是個無聊的人」。

一旦來到人群中，他們拘謹害羞，很快會臉紅，舉止笨拙，因為內心極不舒服，表現怎麼可能會好？很不幸，他們這樣的表現常常也讓預言成真：在宴會上非常侷促不安地站在角落的人，很可能沒有機會改正他的看法。他的看法反而比較容易得到證實：「我一開始就知道沒有人想理我！」有這類型人格的人特別能感知那些證實他們思考模式的資訊。他們一定會避免參加下一場宴會。但是退縮又讓這些人痛苦，卻也別無選擇。雖然逃避社交場合，但是他們對社交接觸、親近和歸屬感有強烈的需求。

依賴型人格障礙症

Dependent代表「依賴」，患有這個障礙的人正是如此。他們深切需要被照料，很害怕不能獨力照顧自己，即使是日常生活的決定，也常常需要別人的建議和支持。別人的意見比自己的意見更重要，他們甚至不是很清楚自己的意見。總體來說，他們覺得自己很軟弱，低人一等，不能幹。

因為經常生活在被拋棄的恐懼中，所以常常想緊抓住別人或是臣服於別人。這些人將自己排在別人的需要後面，而且幾乎不提自己的願望或要求。他們想讓其他人滿意，所以有求必應，並用喜悅的心接下不討好的任務。他們非常害怕被拋棄，所以認為每一種屈從別人的手段都是正當的。

他們根深蒂固的基本想法是「我不能保護自己，必須受到別人保護」，或者

「我需要一個人告訴我該往哪裡去」。

依賴型人格在社會上完全獲得肯定。大家認為他們可靠，樂於助人，而且大都很配合環境，換句話說：他們很少惹事生非。這不僅讓他們成為「良民」，也成為某些人理想的生活伴侶。為了要別人跟他們產生依附關係，依賴性人格的人具備了宜人的特性：讓自己像牆頭草隨風倒，完成所有加諸在身上的工作，無微不至地伺候配偶，特別希望能受到同樣溫柔的照應，並讓別人牽著手。如果願望得到回報，就會形成共生關係，彼此的需求「交叉」得到滿足。這樣的人喜歡把自己的需求擺在後面，很迎合一些人在伴侶關係中的期望。

依賴型人格會替自己帶來好處，因為這些人不只會討好伴侶，也想給老師和老闆留下好印象，所以努力爭取好的表現。遇到困難不會羞於求助，會對支持者推崇備至。身上發現了疾病症狀，他們比較會去看醫生，並認真遵從醫生的指示和治療建議。他們常常也是非常照顧和愛護孩子的家長。

如果討人喜歡要付出的精力和壓力太大，就會造成困難。有時候他們太過壓抑自己的需求，以至於產生職業倦怠，憂鬱或是身心症。有這種特點的人典型會尋找護理工作或是做義工，因為他們幾乎不會懷疑別人也樂於助人，所以很可惜也常常被人利用。他們的關係也經常出問題，因為不是每個人都能忍受被伴侶纏得緊緊的。依賴性人格的索求行為反而會讓一些人逃之夭夭，然後就戲劇化地發生依賴者原本費盡功夫想避免的事：分手。在下一個關係中，他們往往會變本加厲。惡性循環從頭開始，關係有可能更早破裂。

分離的恐懼往往早從童年起就存在。有些小孩太早經歷離別，即便只是幾個小時。也有人跟重要關係人的依附關係並不穩固。因此他們的策略來自一個基模：「讓自己成為別人不可或缺的人並服從別人，以維持可靠的關係」。依賴型人格基本上不相信有人會給予慈愛的關注。他們覺得，只有透過極大的心力和卑躬屈膝才能得到支持和愛。

強迫型人格障礙症

具有強迫型人格的人是社會的一大福音。沒有他們，核能發電廠、電腦軟體或是飛航客機可能無法可靠運轉。強迫型人格非常認真負責，他們熱愛細節、精準，並遵守所有規則。

他們是完美主義者，非常注重秩序。他們絕不可能在房裡跑來跑去找一隻襪子，每一樣東西從廁所用紙到所得稅資料都有固定位置。他井井有條，有效率。若朋友需要幫助，他馬上到場。強迫型人格障礙症跟「強迫症」（參看第三章）有點不一樣，即使兩者聽起來很像。有這種形式障礙的人並不會有強迫性的想法和行為，而是整個人格特徵表現在過分認真、完美主義、懷疑、謹慎和僵化的思考。

如果找到正好適合他們人格結構的工作，他們會非常滿足：工程師可以盡情揮灑對準確度的愛好，品管經理可以挑毛病，還能因此賺錢。但是如果強迫型人格的人太沉浸於細節而忘了原本的任務，情況就會變得麻煩。有這種人格障礙症的人正是有這種傾向。基於這個理由，他們最後做了過多的工作，因而影響到私人生活，或是出現「過勞症狀」。他們絞盡腦汁思考工作計畫和流程，常常有睡眠問題。

如果能把任務分派出去一定能減輕負擔。但是分派工作對他們來說很不容易，因為沒有人能滿足他們的要求，沒有人可以把事情做得像他們一樣仔細和精準。所以乾脆全部自己來。老闆可能樂見其成，但是老婆可不一定，因為他們又會工作到很晚，讓老婆在家乾等。

強迫型人格的人總是對未來做好準備，因為他對未來通常充滿了批判和擔憂。他儲備物資，也儲存錢財。很不願意割捨東西，也不願意在沒必要的情況下為自己和別人花錢。他慳吝小氣。工作上大都很有成就，但是私人生活尤其是伴侶關係通常很糟。他是工作上的常勝軍，和他一起生活卻很辛苦。

如果有人把衛生紙擺錯地方，有強迫型人格障礙症的人會陷入危機，並迅速導致夫妻反目。清潔標準絕不容忽視，馬虎的行為甚至雜亂無章也完全不能容忍。他的一板一眼阻礙了生活上的樂趣和機動性，並可能妨礙建立長期的交往和關係。

看一眼強迫型人格障礙者的過去，他們童年經常承受巨大的壓力，必須達到父母的要求，並經常聽到「我們說什麼你就照著做，就不會有不好的事發生！」這樣的話。

這會讓孩子恐慌，他們處理這個問題的可能性不多，不是反抗就是配合。反抗因為太危險，或是看起來沒有希望所以不可能，就只剩下配合一途，甚至常常因此過度配合：為了不犯錯，孩子不待父母要求就提前內化配合的行為，以符合父母的標準和道德觀。我們稱之為「學習到的無助感」。一絲不苟地遵守規則會滿足有強迫型人格的人以後對安全感和掌控的基本需求，他們可以藉此逃避因違反規定而感到的無力感，並有強烈的需求去貶抑那些不遵守規範和價值觀的人。

即使是自己的需求和感情，在他們眼中也是無法控制，以至於傾向於否定和壓抑。因此他們常常搞不清楚自己到底想要什麼和需要什麼。別人也會察覺到，這些人的生活伴侶很痛苦，因為有強迫型人格障礙症的人無法表現或是表達情緒。

在過度要求和無止境的超量負擔下，有強迫型人格障礙症的病人常常在關係結束後，或是因為身體的重大疾病才來就醫。通常是在他們的家庭醫生發現身體的疾病與心靈有關之後。不少病人長時間「停留」在單純的生理診療系統中直到住院治療。例如病人高度筋疲力盡，出現注意力和睡眠障礙，所以身體衰弱。通常還會伴隨疼痛，特別是頭痛和背痛。常常要做過身體疼痛的身心治療後，突出的人格特點才會顯露出來。

做作型人格障礙症

做作型人格障礙症的人有個比較通俗的講法：公主病。雖然沒有實證研究的證實，但是一般多認為女人有這種問題。有這種障礙的人，字典裡沒有「正常」這個詞。他們只會過驚心動魄的日子，就算去藥妝店購物也像是捲進了最刺激的冒險漩渦。

表演型人格的人常用高度情緒、戲劇化和熱情洋溢的言詞描寫經歷，用這個方法吸引觀眾。然後就會引發他們迫切需要的東西：別人的關注。另一條途徑就是外表的裝扮和自我表現。他們常常花費極大心力裝扮自己，穿著性感又風騷，即使他們只是去一下麵包店。

但是回來的時候可能不只帶回一袋麵包，還有麵包店的售貨小姐，已經成了他新結交的好閨密。做作型人格的人能迅速結交新朋友，不論是牙醫、銀行職員或是新同事，馬上就能有很好的關係。事實是，他們對關係的感知要比實際關係本身更親密。任何一個來自他人的極小關懷都會馬上被過度詮釋為別人想跟他們建立親密關係的訊號。他們常跟人調情，並且有一大堆驚人故事可供編撰，他們覺得最開心的時候，就是找到忠實傾聽的觀眾。但是就算他們興高采烈出現，高昂的情緒也不會持續太久：做作型人格的情緒變化很大。

一點小事就可以讓他們脫離常軌：例如不知道該穿什麼衣服的時候。約會的人喜歡黑色洋裝還是綠色？這樣的問題會讓做作型人格的人發瘋，因為他們沒有活在自己的腦袋裡，而是活在評論他們的人的腦袋裡。他們不斷跟人接觸，就是不跟自己接觸。他們有強烈需求，想在別人的生活裡扮演一個重要角色，卻幾乎不知道自己想要什麼，喜歡什麼，有什麼感覺。自己獨處時就不知道該做什麼，覺得非常無聊。派對，購物和與朋友聚會是填滿內心空虛的歡樂節目。

做作型人格的人對場合氣氛有特別敏感的感知力，可以精準察覺出「氣氛」。不論是在派對，朋友的聚會，或是家庭團聚上，他們常常一進來就能感受到現場氣氛是輕鬆、緊張，或是已經劍拔弩張，而且判斷得八九不離十。為了他們喜歡談話的對象，或是為了維持形象，他們也能完全克制自己。一旦有配合的觀眾，或是感受到強烈的表演欲望，上場的時間即刻來臨。

這樣行為舉止的人常常在童年就已經發展出這些策略。他們時常面對空虛，覺得自己不受重視或是被拋棄。為了讓這些重要需求得到一點滿足，他們扮演小丑，編故事，或是用特別的行為來吸引別人注意。這種努力爭取注意力的感覺以後並不會輕易消失，因為他們無法想像有人會自動給他們愛和關注。他們堅信，必須積極運用特定手段來製造自己的重要性和得到別人的重視。他們的思維總是繞著一個想法：**我現在是最重要的人嗎？別人有沒有充分重視我？我得到足夠的關注嗎？別人有沒有注意聽我說話？我好看嗎？**他們的口頭禪是：「我必須一直表現出最佳的一面讓人刮目相看，讓人忘不了我。」

他們是如此深入角色，以至於根本無法認清並執行最重要的角色：自己。

否定型人格障礙症

每個人都有情緒不好的時候，批評別人和集體抱怨外在環境是社會的黏著劑。但是具有反社會人格障礙症的人的生活中只有批評。他們悶悶不樂，喜歡找人吵架，抱怨自己不受人重視，或是被人誤會，他們認為全世界都反對他們。所以也不意外，他們很快就會嫉妒和討厭生活上看起來比較幸福的人。鄰居擁有比較大台的車，比較漂亮的房子，他們覺得很不公平。感覺上自己只會遇到不好的事，所以常常抱怨，什麼都抱怨。

他們的怒氣通常是針對上級。有這種人格的人堅信，大部分的上司、老師、講師或是其他位階較高的人其實都很無能。所以他們常常拒絕完成社會或是工作上的任務，但不是直接反抗，而是被動地攻擊，例如非常緩慢或是草率地執行一項任務，或乾脆忘掉不想做的工作。他們通常也不直接表達不滿和憤怒，而是間接透過拒絕、違抗和執拗。所以這種人格障礙症也多被稱為「消極攻擊型人格障礙症」。

這種障礙的病人在生命中有多次被嚴重侵犯個人界線的經歷。他們的父母過度干預，監視和限制他們。他們閱讀孩子的日記或信件，暗中監視活動，或者用其他方式侵犯他們的隱私。這樣獲取的消息（出於父母自認為好的教育理由）常常用來對付孩子，貶抑，侮辱，或是讓他們出醜，特別容易嚴重傷害孩子的心靈，因為這樣剝奪了人類對自主權的需求。

因為孩子還沒有能力（通常也沒有機會）適當表達出侵犯個人界線的憤怒，之後便常用消極反抗、拒絕態度、憤世嫉俗，或是貶抑對方的方式表達自己。

病患不想再經歷受貶抑的感覺，所以對所有會引起這種感覺的事超級敏感。他們很有可能把對他們的極小要求都當成自主權的侵犯，並採取抗拒態度。僅僅一句話「你一定要看這部電影！」都會被有這種人格障礙症的人詮釋為侵犯自主權。

另一個被他們內化的基模是：「我受到不公平待遇。」所以也不願意看到別人享受似乎是輕而易舉得來的東西。

妄想型人格障礙症

具有妄想型人格障礙症的人內心生活很辛苦。他到處嗅到別人背叛和惡意的企圖，經常保持戒心，防止別人利用他或是帶來傷害。他在別人的言論和行為後面看到弦外之音，所以一直充滿不信任感。他特別會記仇，不能原諒別人的侮辱、傷害，或是屈辱。他一直精神緊綳，只嗅到批評或是侮辱也會很快做出憤怒或是具有攻擊性的反應。即使別人的友好關懷，他也會透過懷疑系統做相反的解釋。他會因為他的錯誤詮釋而跟人爭吵，這個人還會馬上被他列入黑名單。

他不喜歡透露個人資訊，因為害怕這些資料可能會被惡意用來對付他。具有這種人格的人會高度懷疑朋友和同事的忠誠和可信度，也會一直懷疑生活伴侶對他不忠或是欺騙他。

妄想型人格障礙症的病人大多數有嚴重被侵犯個人界線的經驗：他們受到控制，處罰，貶抑，常常也受到身體上的虐待，所以有特別強烈的欲望要滿足自主權的需求。他們捍衛自己的領地，並且想要自己決定重大的事。只要有事讓他們違背願望，他們的反應都非常情緒化，有時候也很無情。主導他們的信念是：「我必須一直保持警覺，這樣別人才不會侵門踏戶。」「我只能相信我自己」「別人只想欺負我」。

施用毒品和酗酒會促進這類障礙發展。是否是毒品和酒精逐漸導致人格改變通常很難說，還是這種突出的人格已經存在，因為嚮往內心平靜才導致濫用毒品和酒精。周遭的人認為他們是敏銳的觀察者，精力充沛，有上進心。但是疑心和先入為主的性格一般會妨礙他們和別人建立令人滿意和穩固的關係。他們不信任別人，常常很孤獨。

邊緣型人格障礙症

腦科研究和心理學合作越密切，邊緣型人格障礙症的歸類也就有越大的轉變。帶有這類型障礙的病人遊走在情緒邊緣上；多年來被視為典型的人格障礙症，但是有些作者不再主張這樣的看法。過去這段時間，心理學轉而將它們視為所謂的「混合型人格障礙症」，換句話說，不是從一個人的基本信念和行為策略發展出來的障礙，而是出自神經生物學和行為的混合物。

也許其他的人格障礙症也是這樣，只是具有膽怯逃避型風格的人，他們的腦很少接受神經科學的檢查。但是針對邊緣型人格障礙症的病人有過無數的研究，這些研究清楚地指出，這些人的腦的工作方式很特別，尤其是負責評估負面影像、文字和人臉的大腦區塊反應比一般人強烈。他們的血清素系統也常常起變化，前額葉皮質的活動力不強，這兩個系統原本扮演調節情緒的關鍵角色。這或許能說明為何病人的情緒這麼極端。

病人的典型特徵是極端恐懼被拒絕或是被拋棄。不只我的一個病人是如此，而是大部分邊緣型人格的病人都是如此。這也符合顯像技術的結果：這些人的腦真的對別人的排斥有比較激烈的反應，即使情況是無害的，他們也會拉警報。邊緣型人格會把原本中性或是開心的表情詮釋為生氣或是悲傷，而且會很快把別人的情緒表達當作是針對自己，就算其實跟他們沒有半點關係。

只要有一點小事就能引起他們很深的恐懼、罪惡感、羞恥、憤怒，或是對自己強烈的恨意。所有情緒會重疊在一起，然後互相強化。情緒不穩定的病人因此變得極端，無法真正釐清同時席捲而來的任何一種感覺，陷入混亂的緊張狀態，在不少情況下，這種緊張狀態會以生理疼痛的形式替自己從身體上找出路。除此之外，他們多半沒有能力處理這種狀況。[34]

在跟別人打交道的時候，評估和控制自己的情緒很重要。我們通常能決定某人能不能太靠近，或者如果我們願意，也能左右如何能贏得更多的親密距離。我們解決衝突，並且努力克服失望和拒絕。但是所有這些情況一直超越邊緣型人格病人的能力極限。

威脅要自殺或是重複自殺行為、自殘、濫用酒精和毒品、毫無節制大吃大喝，或是跟陌生人從事危險放縱的性行為，常常是想要模糊或是轉移情緒所做的補償。

因為病人周遭的人通常已經不太能理解引爆情況的原因，面對病人的反應更是不知所措和無能為力。病人周圍的人通常受到很大的痛苦。每個親近他們的人有時候被病人極端理想化，下一次又被看得一文不值。態度轉變可以出現在短短幾分鐘內。

除此之外，邊緣型人格的病人還有一種名為「關係測試」的行為傾向：他們不斷考驗關係對象，尤其是伴侶。例如下面案例的女病人知道男友要跟求學時期的老朋友見面，並且已經期待許久。她會問：「你今天留在這裡嗎？我不太舒服。」她男友不斷要面對道德上的馬里亞納海溝。「如果他決定跟**老朋友**見面，就表示他在**反對我**。」接下來的衝突就跟她的情緒一樣專斷。個人的價值大都被拿來當賭注，然後自我懷疑快速膨脹，產生無助感、憤怒和悲傷。最後只有斷絕往來才能讓他們得到一點掌控情況的感覺。邊緣型人格的病人原本想藉此懲罰對方，最後傷害到的還是自己。

案例：邊緣人格

第一次會談時，女病人（二十六歲）已經明顯有嚴重的心理危機。她哭泣，破口大罵，比手畫腳，縮成一團，詛咒又繼續哭。她完全受情緒掌控，不能用口語表達她到底為何而來。隨著時間過去，她慢慢冷靜下來，並描寫她對被拋棄、看低和侮辱的極端恐懼，特別是在伴侶關係裡。

她剛跟男友分手，原因是自己造成的，使得男友離開她，雖然她原本根本不想分手。她希望男友愛她愛得夠多。她常常生氣。如果無法忍受這種感覺，就會拿刀割自己的大腿，這會減輕她的心理負擔，並讓她安靜下來。有時候她覺得自己在一部電影裡面走不出來。她察覺自己搞砸了一切，卻停不下來。

她把男友的東西從窗戶扔到街上，而且不只一次。兩年的關係中大概有七次，每一次的過程都相同：首先是大吵一架，然後分手，沒過多久，兩人誠心和好，做一場完美的愛，互相許下很多諾言，然而不久之後就爆發下一場爭吵。

之後她會罵自己，有時候打自己，有自殺的念頭，也會告訴她的伴侶。她很容易受傷害，反應也一直很激烈。

女病人描寫了會發生這些事的典型情況：如果她的伴侶晚上想跟朋友一起共度而不是跟她；如果她煮了飯，但是他卻不太餓；如果他去看足球賽卻不想帶她，她就會大大懷疑他的愛。爭吵時也曾經杯碗瓢盆齊飛，當然也有嚴重侮辱人的言語。有一次她甚至拿刀威脅他。她其實一點也不想傷他。

她期望透過治療能讓她控制自己，不要一直有最糟糕的想法，也不要一直有受攻擊的感覺。

自傳資料

女病人是四個孩子中的長女。父母是老師，而且很嚴格。女病人很早就必須照顧弟妹，並因此得到讚美和肯定。她的父母友善，也處處給予支持。她有一些朋友，但是很少時間相聚。她對幼稚園和小學有輕鬆美好的回憶。

剛上中學時也很好。當病人十三歲時，全家搬了家。新的班級當她是空氣，她很孤單，找不到朋友。父母並沒有把這個問題當一回事，他們說剛開始的時候就是這樣，她必須主動和人交朋友。她很努力，但是受到排斥和霸凌。她每天早上肚子痛，白天拉肚子，因此被人取笑。九年級的時候，她被女生在學校廁所「截獲」，女學生罵她，朝她吐口水，另一天還把她的頭壓進馬桶裡。她有死亡的恐懼，不敢抗拒，任由別人欺負。

父母不願相信這件事，並責怪她誇大事實，不應該講這樣的故事。她想辦法撐過在學校念書的時間直到畢業，然後接受職業訓練。以前她想讀醫學，現在她是高齡者的看護。

十七歲時交了第一個男朋友。但是他只是利用她，欺騙她，最後棄她不顧。她一直認識到沒能好好對待她的男人，也不知道為什麼找不到一個愛她的人。她認為她不值得愛，這讓她很傷心也很絕望。她曾希望能嫁給現任男友，並且幸福一輩子。但是他也對她不好。

精神病理學

第一次會談時，站在眼前的是一位穿著特別時髦的年輕女子。給人的感覺很假，表面上一切看起來OK，外表後面隱藏了她真實的情緒和危機。她友善地表示興趣，但是心存懷疑。調查的時候，悲傷、絕望和憤怒的情緒決堤。病人很明顯缺乏調節的機制，她冗長並且很投入地描述不同情況，好像她身臨其境，不能感覺到時間上的差距。

高度情緒不穩穿插著憤怒、悲傷、無力感。病人明確表示沒有自殺意圖，簽署了一份書面的反自殺協議。沒有酗酒和吸毒前例。

行為分析

病人雖然出生於一個照顧周到的家庭，但是家人沒有察覺和重視她的需求。三個年幼的弟妹對她的優勢是威脅，也會對依附關係造成傷害。親職化，也就是接手父母的角色，雖然給她一個強化的力量，同時也意味著在協調兄弟姊妹的需求時，要把自己的需求放在後面。

學校裡發生的戲劇性和造成心靈傷害的事件，她所受到的貶抑、排斥和暴力，讓她相信只能聽由別人擺布，自己無能為力。她不值得受人尊重，不能也不准反抗。由於父母沒有把她的問題當真，這在她心靈形成一個基調，她基本上認為關係是有害的，專斷的，不可信賴，也不能提供保護。

父母沒有保護她是依附關係帶給她最大最嚴重的失望，逐漸在內心形成自己是受害者的想法。身體對生活經驗的反應是以謹慎為前提的適應。她的適應程度告訴她要「謹慎小心」。基於自認要保護自己，注意力大部分集中在貶抑和侮辱她的行為舉止上，並且尋找特別能證實自己觀點「我不值得人愛」的言行上。

她尤其容易受到委屈侮辱，無法培養出正常承受挫折的能力。過度的情緒表現在她衝動的性格上，用衝動的行為來調節緊繃的心情。如果沒辦法發洩衝動，就會拿刀割自己的大腿或臀部來減輕壓力。自殺威脅一方面是建立依附關係的手段，另一方面是追求平靜的願望，讓自己不再產生無力感。

情緒上的過度負擔造成病人有自己不能控制又難以捉摸的混亂情緒。

經由委屈引起的自我毀滅一旦開始，就要等到發洩完才會停止。至今病人只有透過自殘才能保證不自殺。

在行為層面，病人處理心靈創傷、壓力和委屈的策略很少，而且也不適合。再加上「我不值得愛、我沒有價值、每個人都離開我」的想法，形成不斷相互刺激的惡性循環。

研究邊緣型人格病人的自傳會發現，幾乎所有的個案都會有極端恐怖的細節。他們常常經歷過性暴力（百分之六十五的案例）和／或者身體暴力（百分之六十）和嚴重被忽略（百分之四十）。安全感、掌控、依附關係和自我價值感，這些病人的基本需求幾乎完全被忽略。

現在我們知道，這樣的粗暴經驗會造成腦部具體的改變。雖然如此，正好在邊緣型人格障礙症上可以清楚看到一個嚴重的兩難：什麼是什麼的先決條件？是神經生物學上的因素引起病人的症狀，還是病人遭受的經歷？病人的經歷先塑造了神經生物學上的條件？

不論這些病人的某些大腦區塊的運作方式與健康人不同的原因為何，它們可以恢復正常。現在有專門針對這個障礙的治療法，目前最重要的是瑪莎・林納翰（Marsha Linehan）提出的「辯證行為治療」（Dialectical Behavior Therapy, DBT）以及安東尼・貝特曼（Anthony Bateman）和彼得・方納基（Peter Fonagy）的「心智化模式療法」（mentalization based therapy, MBT）。DBT的成效在德國得到最多證實。

如果病人還患有創傷後壓力症候群（PTSD），也有一個特別的DBT療法。以行為治療為基礎，把重點放在許多的自我接受和注意力的練習上。病人學習一步步覺察自己的緊繃狀態和情緒，將它們說出來並加以調節。

如果病人覺得一切很正常

人格障礙症發生的頻率這麼高，卻從來沒有人來敲我診所的門跟我說：「我認為我有人格障礙症，你可以幫我嗎？」原因在於，通常沒有人會對自己可能有人格障礙症有一絲知覺。因為這個障礙有個非常特別的屬性，它是自我協調的。這表示，病人會覺得這個障礙完全跟他個人協調一致，並且適合他。這種現象在不同的障礙病兆下十分獨一無二。

因為在某些東西上，心理疾病跟生理疾病的差別不是那麼大，例如人們感覺到生病了這一點上。每個人都會注意到自己得了支氣管炎或是弄斷一根腳趾。若是被恐懼征服或是憂鬱，他身受其苦並且能清楚感受到「我有點不對勁」。這被稱為**自我衝突的感受**，意謂覺得內心的痛苦很陌生，很困擾。這也可以從一點上看出來，有自我衝突症狀的人會想：「我完全不了解自己了」「正常情況下，我根本不是這個樣子。」

但是人格障礙症的情況不同。因為障礙與病人不可分，病人完全不知道他可能有什麼問題。他在自己身上沒有察覺到任何障礙，覺得自己完全正常。為什麼會不正常呢？這些都是他內化的策略。之所以會成為他的策略，是因為它們曾經給予優良有效的解決方案。它們屬於他，而且從多年以前就開始了。

大部分病患常常不是直接有人格障礙症，但是常常會得到心理疾病。因為人格障礙症是心理疾病的溫床：病患可能會變得憂鬱，得到強迫症，或是工作到過勞，因為他們犧牲自己，或是想要平衡內心認定自己是失敗者的基模。因此，首先確定症狀後面是否隱藏了人格障礙症很重要，因為治療計畫務必要把它納入考慮。

倘若沒有其他負面的心理狀態，病患要接受治療，因為他在社會上跌跌撞撞。他們一直有相同的人際問題，卻深信問題是別人造成的。例如自戀的老闆打聽相關的在職訓練，因為他們想馴服固執的員工。又或者有強迫型人格障礙症的丈夫想知道，如何能讓妻子也變得跟他一樣愛整齊。他認為只有這樣，婚姻才維持得下去。

有人格障礙症的病人幾乎或是完全無法意識到他們應該對問題的哪一部分負責。即使因為同樣原因離了三次婚，結第四次婚之前還是不會先問自己：**嗯，也許婚姻失敗跟我有點關係？**

事實是，如果每個人都活在一個寂寞的小島上，根本不會有人格障礙症的診斷書。強迫型人格障礙者會建立一個不會干擾別人的秩序，創造不會被人破壞的規則。自戀狂反正是最偉大的，沒有人會批評他。好吧，他也許會很懷念他的觀眾。人格障礙症普遍來說只會在社會背景下，也就是在與他人關係中引人注目。在過去幾年，心理學的趨勢也將人格障礙症視為關係障礙。有些人病得比較早，有些人比較晚，都是因為與他人的關係陷入了衝突。有些人甚至完全不會起衝突。因為即使有人格障礙症，生活還是能正常運作，在理想情況下，生活環境對他們來說非常完美。人格障礙症也可能造就偉大天才。

演員或是政治家自然要常站在聚光燈下，但不是每個人都能辦到，但是自戀狂就很在行，對他們而言，這樣的工作是他們的最佳舞台。但是要膽怯沒自信障礙的人在會議上做簡報，簡直是要他們的命。若有個有強迫型個性風格的人在核能電廠工作，民眾會對他表達無盡謝意，因為他會把每個安全標準檢查三十三次。同樣的，一個有強迫型人格特質的外科醫生特別重視縝密和精細的手術，是病人夢寐以求的醫生。可能只有他的太太不這麼認為，因為在家裡時總因為她刮奶油不是從旁邊而是從上面下刀而起衝突。

當有人格障礙症的人感覺所有事都做得剛剛好的時候，可能正把身旁的人都逼瘋了。他們經常跟家人、雇主、同事或是偶然遇到的人起衝突。雖然一直遭遇到同樣的經驗，得到同樣的反應，他們還是無法看到自己在整件事上該負責的地方。當治療進行到要比較自己和別人的感知時，在整個療程中對他們是最困難的。他們常常會先堅決否認自己該負責的那部分。

透過心靈的演算法可以一直證實他們的觀點，鮮少找到理由去懷疑自己。吹毛求疵的人可以清楚看見隨地髒污，一個警覺的人基本上相信到處藏著危險，新聞報導裡不是有一大堆消息可以證實他的疑慮嗎？

這些人體驗到自我協調，讓別人很難跟他談論在某個問題上他也許要負一部分責任，他們的伴侶、同事和朋友也許都非常清楚。處理這些「看不見的」障礙常常讓人氣餒，連治療師也不例外。治療上要花非常多的耐心，支持和體貼。

把障礙變成資源

大多數人很難接受「人格障礙症」的確診。因為障礙不只牽涉到人格的部分面向，而是整個人格。誰喜歡聽到自己的整個人格（也就是所有造就他這個人的性格）不正確而且異常？通常病人把診斷當成烙印標籤，而且診斷還會替他帶來額外的問題，因為他認為診斷有歧視意味存在。

同時，治療理論也在轉變中。較新的療法具有較尊重人的理論基礎，不再像過去把人格障礙症大範圍地視為病態，而是視為（其實它本質上也是）一個孩子曾經發展出來的解決方法，因為孩子遭遇到困難複雜的關係和互動，嘗試去解決這些問題。孩子因此建立了活下去的資源。只是病人有時候不能有建設性地運用這些資源。

以前人們認為人格障礙症幾乎無法改變，還好今天人們對它的了解更深。也因為現在有專門為這種障礙設計的治療法，例如所謂的「基模療法」（Schema Therapy），因為有人格障礙症的人也有潛力改變自己，甚至可以把帶給他們問題的障礙變成美德。

我們應該面對人格障礙症的真實面貌，這是我們個人對沒有滿足的基本需求所做的反應，並讓愛好和諧的心靈建立起一致性。

還有另外一條路，也是我們每天會選擇的路：壓抑。

第3章

發病

——如果心靈出了問題

心靈的策略

防禦機制：不允許的事不應該發生

懷孕期共四十周，最初幾星期常有孕吐，肚裡的小寶寶從第十七周開始活動，胎動會越來越明顯。肚子也明顯增大，孕婦的體重平均會增加十三公斤左右。沒有察覺到懷孕是不可能的，但這卻不斷發生。大約兩千五百個懷孕例子中有一個會一直到臨盆都沒被察覺。德國每一年都會有好幾個例子，婦女因為強烈腹痛尋求醫生，而幾個鐘頭後錯愕地抱著一個新生兒。有時候報上會刊登這樣的故事，大部分的人會很驚訝：怎麼會發生這種事？

答案非常簡單，我們每個人每天都在做這種事。

火車站走道上躺著流浪漢，新聞報導著驚人的消息，老婦人在垃圾桶裡尋找可以回收的瓶罐，我們新買的T恤是「孟加拉製」。所有這些我們都看在眼裡，也很了解意謂著什麼，但是會自動屏蔽不好的細節。有時候這世界的真實面目讓人難以承受。沒有壓抑的能力，我們過不了多久就會崩潰。壓抑是一種求生機制。

而且它是建立心靈一致性的另一種手段。如果無法運用現有策略解決一個不舒服的情況，我們就會試圖忽略它，當作完全沒有這個問題一樣。通常我們會下意識遵循來自心靈深處的委託，因為它希望藉此保護我們，想用這種方式把感受到的威脅阻擋在意識範圍之外。

從心理學家開始研究心靈以來，他們就專注在壓抑上。壓抑早在佛洛伊德時就是精神分析的核心，他的女兒安娜後來也鑽研這個主題。她的許多理論到現在都還適用。然而安娜・佛洛伊德認為壓抑只是眾多防禦機制的一種，而我們經常使用不同形式的防禦機制。

例如我們經常使用的「投射」機制，因為每個人都有不是特別好的特質和行為方式。我們有提高自我價值感的基本需求，一直想把自己看成完美無缺，所以常常會採取一個潛意識的花招：把不舒服的事乾脆投射在別人身上。把自己身上所有很蠢和有衝突的東西都推給別人，一直都是別人不可靠、嫉妒、不知節制、愛發脾氣、放蕩不羈——透過這個想法，我們會覺得好過一點。這對心靈很好，但是有自欺欺人的成分。

除此之外，因為投射作用，我們錯失了真正認識自己的大好機會，包括認識那些也許不是太好的特性。其實這些特性很有趣，不像我們想得那麼麻煩。每一個我們不喜歡的人做了我們看不慣的事，或受到我們的批評，基本上都可以給我們機會詢問自己，這個嫌惡感是從哪裡來。我們批評一個人變化無常，也許正是因為我們希望自己能有多一點靈活性。或者某人讓我們很受不了，因為他太外向了，而實際上我們也希望自己能放縱一下。

有時候評判別人的特性與能力，只因為我們自己也想擁有，或是在別人身上看到不喜歡的特性，但是自己也有。可是我們只批評別人，這樣就不必檢視自己的行為。若仔細觀察自己，為什麼會這樣判斷或是評斷另一個人，發掘出來的東西會很有趣，那通常都跟我們有關，而且程度比我們想像得還多。

當心靈出現危機的時候，我們尤其常選擇的另一條路是否認。跟壓抑不同的是，我們不僅僅撇開事實不看，而且不願意承認這項事實。這常常發生在分手和關係破裂之後。因為太痛苦了，有時候不能接受和適應新情況。有時候反而會形成頑固的想法，認為斷開的關係在不久後一定會繼續。有些人的想像太過牢固，以至於開始跟蹤前任或是威脅他們。

認知失調

還有一個廣為流傳的方法：合理化。特別在心理學家稱為「認知失調」的衝突中能給予幫助。這類衝突經常發生：不想再吃那麼多甜食，卻有吃巧克力蛋糕的強烈欲望。我們必須去報稅，但是外面陽光這麼美好，比較想去游泳。我們吃素，卻愛上一個喜歡吃血淋淋牛排的人。

在這三個例子中有一個真正的問題：腦袋裡有兩個不能協調的目標在爭奪主導權，但是腦袋向來不喜歡這種情況。我們無法長時間忍受認知失調狀態，所以心靈會快速採取行動以降低緊張。[35]實際上它只能透過快速解除衝突對立才能達到目標，例如心靈對我們說一個目標的好話，說另外一個目標的壞話。然後我們就對自己說：「從**明天開始**少吃糖！」「我想多做運動，游泳很健康！」「如果採用有尊嚴的屠宰方式，而且牛排是來自過得快樂的牛，就不是那麼糟糕！」為了走出認知失調狀態，我們也能偶爾放棄自己的信念和價值觀。

下一個壓抑機制恐怕每個人都知道，或至少認識輕微的變體，它也被稱為「輕微的日常恍惚」。有時候我們在高速公路上開車會陷入沉思，或是跟副駕駛熱絡地聊天。直到某個時候才發現，在沒留意的情況下竟然已經開了好幾十公里。我們換檔，打方向燈，還在正確的出口下高速公路，後來卻記不得這趟路途的細節，好像是用自動駕駛完成的。

如果過程很單調，或者事情不斷重複，同樣的機制就會啟動。例如在流水線上工作的人常常會失神，以逃避這種壓迫人的單調。這種機制還有一種極端變種「解離」（Dissociation），會在陷入難以忍受或是遭逢生命危險時上場，這也是人類能經歷到最強有力的防禦形式。有時候在糟糕的情況下，人會有一種好像從自己身體走出來的感覺，例如被性侵的婦女常常描述，她們的自我在最危急時刻與身體分離開來。

解離是「聯合」（Association）的反義詞不是沒有原因。聯合意謂著結合，解離表示分開，在這種情況下指的是心靈和軀體的分離。一般來說，想把這兩層面解開是不可能的，沒有人可以故意造成。但是在心理無法忍受的嚴重恐怖狀況下，這個機制會完全自動開啟。它想幫助我們挺過帶來創傷的事件，它如此神奇，視之為仁慈、保護心靈的最後一道防線也不為過。

但問題常常是，解離雖然能幫助我們度過可怕的情況，但是從長遠的角度來看，解離會讓我們事後難以處理經歷。因為意識不能輕易進入，經歷到的細節會突然出現在意識中，往往只有片段。儘管如此，這份經歷還是會對整個有機體發揮百分之百的影響，並且常常引發創傷後壓力症候群。

有人多年生活在解離症的溫和變種中。他們幾乎感受不到身體，或只有當身體有疼痛時才感受到。在許多心理疾病和身心症後面都能找到這種機制。

意志力：什麼時候是好的，什麼時候會帶來傷害

防禦機制通常會下意識自動啟動，但是也有在完全意識下特意發生的壓抑形式。可是我們不稱之為壓抑，而是專注，也可以簡單說成「意志力」。這是人類集中注意力並有選擇性加以操控的能力。

如果決定做某件很重要的事，我們會將注意力集中在所有能達成目標的必要東西上。但是專家多次強調，以前要做到不像現在這個年代那麼困難，因為我們會被四面八方湧來的東西分心：臉書、新聞提醒、聊天程式對我們不斷發出閃燈、震動和鈴響。

在我們內心深處有一個層面，它心懷感激地追逐任何一個讓人分心的片段。傑出的美國部落格格主提姆・爾班（Tim Urban）稱這個單位為「及時行樂的猴

子」（Instant Gratification Monkey）。他這麼形容這隻猴子，是因為這隻猴子想要的是所有舒服且不特別費勁的事，也就是所有給予報酬的東西，而且是立即的報酬。這隻猴子想要吃點心，喝咖啡，看最新的推特，最新的影片，馬上在手機上搜尋一下資訊或是上傳消息，只因為這個人剛好想這麼做。

我們可以對抗這個衝動，有時候較有成效，有時候效果不彰，但是基本上我們具備能力，能積極壓制所有可能干擾原始計畫的東西。如果願意，還可以將外在環境川流不息的資訊阻擋在外。如果想結束一個專案，並沒有必要去點閱廣告或是推特的時間軸。但我們卻常常在心靈下達關注訊號下使用這項能力。心靈也需要我們經常關注，只有時候我們故意關掉它。

不去關注心靈需求有時候是必要的，例如可以幫助飛行員完成到委內瑞拉的長途飛行，即使他正心慌意亂，因為妻子在他起飛前不久要求和他離婚。醫師兼健身大師烏爾利希·施圖茲（Ulrich Strunz）有一次帶著骨折的脛骨參加鐵人三項比賽並跑完全程，他描述「沒有感到痛楚」。[36]我們人類可以認定一項目標，將全部注意力投注在上面，追求目標並完成它。如果辦不到就會被衝動引導，一會兒做這個，一會兒做那個。

如果動物和人類之間有差異，那就是人類即便在震驚和生命遭遇危險時仍然能按照計畫行動。讓及時行樂的猴子回到自己的位置上，往後退一步，考慮到整體，為了某件事做出一個計畫並遵循它。這是多偉大的能力啊！

現在來看看缺點：短期來看，每個形式的壓抑都有其道理和優點，畢竟它要幫助我們度過難關。長期來看卻會產生一個問題和一個風險。其實有時候面對事情加以探討並注意自己的安康，要比把事情驅趕出意識來得更好。我們卻寧可把注意力放在工作上，完全忘記要取得平衡，也就是忘了自己，工作到筋疲力盡為止。離婚後可以否認被人拋棄，卻改變不了事實。我們不過是把調適的過程往後延罷了。我們可以說服自己吃肉很好，因為我們想維繫一個關係。但是背叛原則的聲音仍然在輕聲抗議。

或許它們會從眼前消失一段時間，但是對我們的影響永遠不會消失。它們在我們的存在底層沸騰。每個人都可以從下面例子中認出：某個人侮辱我們，而我們委屈地站在那裡。八個小時後，腦中才出現最好的回敬方法。就這樣靈光一現，就算我們完全沒在想這件事了。即使不再去想了，但是潛意識在整段時間一直咀嚼回味。它會探討我們經歷過的所有事。

一點小小的侮辱會讓我們暗地為它傷腦筋好幾小時，過去不好的經驗就更可想而知了。即使不好的經驗正好不在意識中，卻也會影響我們。它們刺激神經系統，讓身體和心靈生病，可能引發憂鬱、焦慮、強迫症和身心症。造成心靈負擔的東西越受壓抑，心靈生病的機率也越大。

恐懼的神經生物學

有一個病毒式的YouTube現象，簡單劇情是這樣的：一隻貓站在飼料盆前吃飼料，這時候有人把一條黃瓜放在牠身後。最後貓轉身看到這條黃瓜，嚇得快死掉，弓起身往旁邊跳，背後有一個人竊笑。呵呵，人們認為貓怕黃瓜，真好笑。表面上看到的是個卑鄙的愛貓人。

另外還看到的是「杏仁核」（Amygdala）在行動。

杏仁核是邊緣系統，也是我們心靈機器的一個核心。科學家已經對它研究了很長一段時間，對這個杏仁形狀的小型細胞組織知道的越多，就越驚訝。幾年前人們還把杏仁核稱為恐懼中樞，因為恐懼主要是由這塊大腦區域主控。但是杏仁核有越來越多的功能被發掘出來。我們可以說它是一個小奇蹟。

例如它處理嗅覺的刺激，也就是所有我們聞得到的東西。它調節自主神經系統功能如心跳節奏，影響呼吸、睡眠和荷爾蒙的平衡。當我們感到恐懼時，它也真的積極參與，但是除此之外，它其實還參與了所有其他的情緒，如憤怒和快樂，生氣或嫉妒。

美國腦科學家約瑟夫．李竇（Joseph E. LeDoux）長期研究杏仁核和恐懼。他很仔細追查了人類的恐懼蹤跡，並且發現，恐懼一直會走兩條路線。一條路線雖然快得難以想像卻不準確。在這條路徑上，外來刺激像閃電般不繞遠路直達杏仁核。這就是貓察覺到某樣東西可能很危險，但是還不能辨認它是什麼東西的時候。

先說明一下：貓不怕黃瓜，牠害怕那些會讓牠想起天敵的東西，例如蛇。大自然已經考慮好，在還不是確切知道是什麼東西以前多嚇一次，也比少嚇一次然後就死了要好。這個模式得以成功執行，所以內建在所有生物身上：貓、人、刺蝟，也就是全部具有脊椎動物大腦的生物。例如當我們走過森林，並在路上發現一個像蛇一樣的東西，人類的反應跟影片中的貓不會有太大差別。在還沒有意識到那只是一根彎樹枝之前，杏仁核已經啟動了整個「壓力軸」（下視丘—垂體—腎上腺軸）：

壓力荷爾蒙、心跳、呼吸頻率一起往上衝，我們處於警戒狀態。所有反應措施從現在開始隨時待命。這是我們內部的一一九專線。

當我們對模糊、尚未處理過的影像產生反應時，外在刺激也經由稍長一點的第二條路線姍姍來遲。躺在地上的東西影像曾經短暫停留在間腦，所謂的「視丘」（Thalamus），它的任務在過濾感官印象。如果它覺得重要，就會把這些印象繼續送往「海馬迴」（Hippocampus）。海馬迴的形狀會讓人聯想到海馬，它因此得名。從解剖學來看，這隻海馬稍稍靠在杏仁核旁邊。海馬迴有一個特殊任務，就是把曾經看過的東西訊息儲存起來，加以處理，並且在需要的時候將相關資訊提供給杏仁核，也就是剛才真正看到的東西的訊息。當前面兩個例子中看到的東西不是蛇的消息，經過第二條路徑抵達杏仁核時，驚嚇就會稍減。杏仁核和海馬迴一直緊密地合作。可以說他們的關係超過老鄰居，完全能把他們想像成老夫老妻：她，杏仁核，喜歡把一切搞得戲劇化一點。他，海馬迴，一直會對所有事給予他自認為最好的評論並加以安撫。我們可以想像，如果這個系統失常將會不太妙。兩者對我們都是必要的：一方面緊張狀態可以在急需時快速救援，另一方面當危險不是那麼大或是過去之後，我們也需要調整的能力，讓我們恢復平靜。

這個系統只要受到極微小的干預就會完全改變生物的行為，而且方式令人害怕。野生捕獲的鳥通常會驚慌地想逃，如果稍加操控牠的杏仁核，牠就會變安靜。實驗室老鼠的杏仁核如果受了傷，牠不會躲開身旁的貓，而是帶著好奇心打探，一點都不知道自己身處危險。杏仁核受到操控的生物既不會攻擊，也不會躲到安全的地方。就算在最大的敵人面前也不會有絲毫畏懼。

神經生物學家描寫了一個女病人的案例，她似乎沒有恐懼也沒有憤怒。由於少見的遺傳疾病，她的杏仁核鈣化。女病人始終保持冷靜鎮定，樂於助人和親熱，可以很樂意地將信用卡連同密碼交給陌生人。她過的生活相當危險，幾乎不能讓她離開視線。許多人一定會希望生活中少一點恐懼。但是恐懼不只是警告和驚嚇，還會讓我們保有適當程度的懷疑，保護我們不盲目地相信別人。因為不是每個人都全是為我們著想。沒有恐懼的生活意味著生活中充滿危險。

情緒和記憶：「這我會永遠記著！」

除此之外，沒有了杏仁核，我們幾乎記不得任何東西，它對記憶的形成不可或缺。每個人都知道，我們特別對有強烈情感連結的東西記憶深刻：第一個吻，孩子的誕生，或是當飛機衝向世貿中心時我們在哪裡。至於鉢在元素週期表上的位置，即使在化學課裡常常練習，要記住卻還是不容易。

這很清楚表示我們為什麼要有記憶。記憶的工作並不是讓我們查詢學過或是經歷過的東西，它的工作特別在於記住那些對我們有好處，並因此應該常做的事，也在未來警告我們曾經對哪些東西有過不好的經驗。這裡的公式是：經驗越糟，記憶也就越牢固。

原因是杏仁核在危急情況下對記憶的形成特別用心。因為它務必要我們盡可能長久地存活，並且一直都能小心一點。如果森林裡的木頭真的是一條蛇，那裡就不僅是遇到蛇的地方，可能整片森林都會被我們當成危險地方儲存在記憶中。

我們不只會一直記住帶來危險的東西，也會記住整個危險發生的背景：所有在這個情況下感受到的氣味、聲響和全部的感覺。還有，我們也會記住當時的身體狀況，是否不舒服，心臟狂跳，或是呼吸不過來。葡萄牙的腦科學家安東尼歐・達瑪西歐（António Damásio）為此創造了一個概念：「軀體標記」（somatic marker）。

理論上人把身體和心靈分開，事實上這兩部分一直非常緊密合作，而且當我們積極回憶某件事的時候，幾乎無法否認身體也會有反應。如果回憶讓人羞愧，我們會臉紅，如果再次憶起讓人害怕的東西，我們會發抖。

所以深刻的回憶不僅是以簡單圖像，也以身體的感覺和情緒等形式儲存起來。總體印象深深銘刻在整個生物體上。我們也可以把軀體標記想像成一種便利貼，心靈把它貼在東西、事件、地方或是人的身上，因為心靈要告訴我們：「記住這個，這個很重要！」當某個即使很遙遠的東西讓我們想起一個嚴重事件，心靈馬上會啟動整套當時也曾扮演過角色的情緒和身體反應。或許這次我們也用得上。這麼做很有效率，卻也會導致相當多問題。

焦慮症

杏仁核、海馬迴和軀體標記是替我們工作的有利系統，但是在特定情況下也會反過來對抗我們。當人出現焦慮症的時候，代表這個系統出了錯誤，然後人會表現出許多不同形式的恐懼。

恐慌發作：當恐懼登上了高峰

有段時間科學認為焦慮症是可逆的，也就是假設焦慮會突然自動消退。但這個假設證明是錯的。如今人們相信相反的主張：我們必須儘早治療焦慮，因為焦慮會造成更多焦慮。它像一種心理的永動機。在恐慌症上最能看清焦慮的本質。

案例：恐慌發作

情況

病人，三十四歲的上班族，在做自我介紹時告訴我他有恐慌症的症候，也發作過憂鬱症，原因是來自工作和關係中的巨大壓力。在最初幾次會談中探查出下列狀況：第一次恐慌發作是在十年前。突然無預警的發作讓熟睡的病人嚇了一跳，並讓他非常害怕。他的家庭醫生開了煩寧（Diazepam）讓他安定神經，但是沒有讓他轉診去做心理治療。發作的情況因為藥物治療消退了；他卻害怕可能會藥物成癮，最後他停止服藥。

之後恐慌每天不擇情況發作三到四次：「恐慌隨時隨地等著我。」

在不同情況下的強烈恐懼和絕望讓他的生活品質大打折扣，他退出了社交圈，自我價值感降低，情緒出現強烈變化。這又增加伴侶關係的負擔。病人覺得自己沒用也沒信心。他描述自己的災難幻想，鑽牛角尖和挫敗感，並且恐懼生存的問題，因為他擔心無法再繼續工作。

他有嚴重的入睡障礙和持續睡眠障礙，早上覺得筋疲力盡，不能集中注意力。雖然有伴侶，他仍然覺得寂寞和絕望。只有每天的工作可以讓他穩定，但是他覺得自己完全沒有工作能力，並覺得工作完全超過自己的能力範圍。

他希望治療能幫助他不再恐慌發作，心靈能夠更平和放鬆，也能減少對人的恐懼。

病人的生命歷程和病歷

病人是兩個孩子中的老大（弟弟小他六歲），在親生父母身邊長大。父親（四十九歲時死於癌症）工作量很大。他努力花許多時間與孩子們相處。但是病人描述他們之間的關係比較像同伴，而且很表面。幾乎沒有肢體接觸，也沒有真心交流。

母親則是一個強勢霸道的人。她「就像一般母親會做的那樣」照顧他。他跟母親的依附關係牢靠值得信賴，比跟父親的關係深入，但是母親也很嚴格，幾乎不曾以溫柔示人。整體來說，他們既不會交流也不會公開表達感情。病人無法處理父親逝世的情緒；在那之後，他跟母親的關係變得密切。這段期間他開始用酒來當作減壓手段，並說：「用酒沖去父親逝世的記憶。」

整體而言，他感覺到自己慢慢疏遠朋友和熟人，雖然他認為自己基本上是個合群開放的人。治療開始的時候，伴侶和他分手了。

心理狀態診斷

在與病人接觸時，病人顯得很緊張，努力表現鎮定，卻給人感覺他非常缺乏自信。有明顯的痛苦壓力，害怕無法面對自己並處理內心的惶恐，整個人的態度處於否定。另外病人說他恐懼自己的恐懼，感到很悲傷絕望。而且和伴侶分手後對事情沒有展望，沒有樂趣，筋疲力盡。

分析

基於跟母親牢靠的依附關係和父親差強人意的依附關係，以及跟弟弟的親密關係，他的家庭給予他足夠的安全感。然而全家並沒有實際討論父親的病況。在這裡，病人用否認和壓抑當作防禦機制，以至於父親逝世讓他感受到生命和命運的不可測和無常。失去父親所帶來的情緒震撼，無法從母親和弟弟那裡得到他所需要的足夠慰藉。他個人處理悲傷的方式是使用酒精的彌補策略，好麻痺自己的想法和感覺，不再感到悲傷。

現在病人一方面想要拉近距離，另一方面不想要衝突。過去的歸屬感是這裡最大的損失。那是一種經歷，好像「一下子家裡的人全死去」，這個經歷似乎深植於病態的情緒處理過程中。病人建立在恐懼上的適應行為以及因此經歷到的內心撕裂和無助，全都表現在無端發作的恐慌和身體上的明顯感覺。（不同的身體症狀如心跳加速、喉嚨緊縮、肌肉疼痛、流汗等等。）

恐慌頻繁地發作，病人感受到無助和無能為力，再加上工作上的緊張，導致伴侶關係持續不斷出現問題，並產生不合適的策略，導致病人出現代償失調（崩潰），並升高了恐慌發作的頻率。

孤立無援的感覺，處理失親的情緒，避免衝突和工作上的緊張，造成病人有強烈的掌控需求。病人越努力壓抑內心的緊張，壓力就越大。他沒有調節情緒和緊張的適當閥門，它們就經由恐慌發作來紓解。將焦點過度集中在自以為困難的情況（地點）和明顯的逃避行為，使病人失去自我價值感，並強化了這個障礙。

與長期伴侶分手是個新來的額外負擔，也是維持恐慌運作的條件，因為除了工作上的同事是最後一個給予安定作用的堡壘之外，對可靠依附關係的基本需求還附帶了破壞穩定的效果。

這個病人的例子很典型。恐慌的襲擊常常突如其來，「宛若晴天霹靂」。但是進一步細查也不是這麼突然。許多受影響的人在發病之前就經歷過沉重的精神負擔，由於這些事件往往已年代久遠，所以大都不會與恐慌牽上直接關聯。

根據我們的想像，恐慌直接發生在一個顯而易見的導火線之後。但並不是一直是這樣。我們的身體和心靈遵循著另一條途徑和時間感，恐慌發作常常在時間上有些延遲。有時候病症發生得很晚，以至於關係人完全不能理解病症和事件的關聯。

但是他的身體出現了下列狀況：因為長時間處於高壓，腎上腺素上升得很高，不會因為壓力減少而馬上回復正常。可能需要一段時間，而有時候會一下子恐慌發作。這也是為什麼這些恐懼常常會在安靜的時候釋放出來，例如剛坐下或是才躺上床的時候，許多人在睡夢中因為恐慌發作而驚醒。造成壓力的情況在表面上似乎已結束，可是神經系統才正要開始反應。

人們把恐慌發作描寫為一陣突如其來打在身上的無名恐懼。他們感受到極端的心跳速度、窒息感、鬱悶、燥熱和寒慄、暈眩、昏沉，他們害怕會昏倒並死去。通常發作五分鐘到十分鐘會達到症狀最高峰，總共可能持續三十分鐘，有時候甚至更長。恐慌發作是一種非常恐怖的情緒波動，對大腦的杏仁核是個很大的挑戰。

因為恐慌發作時的情形很恐怖，杏仁核會做它現在認為特別重要的事：把整個情形做一個詳盡速寫，以避免再度發生。因此現在會分發大量的心靈便利貼。發作地點會被標記成危險地點，也包括了所有相關環境。所以除了恐慌症之外，病人還會很快就多了特定場所焦慮症或者其他焦慮症狀。大約有三分之二的病人會出現這種情況。

對這個事件的想法當然不會很快消失。恐慌症病人會思索很多關於經歷到的恐懼情況。所謂「擔憂」是所有焦慮症的核心要素：這是一種努力，企圖透過密集思索來掌控不明的威脅，因為恐慌發作時通常也喪失了掌控能力，而失去控制帶給人的震驚也持續得特別久。因為失去掌控對心靈是一個訊號，代表人眼睜睜看著自己滅亡卻無能為力。許多病人還會有一個想法：「如果我現在昏倒在這裡，所有人會相信我是個醉倒的流浪漢，沒有人會伸出援手。」這樣的想像會加深內心的恐懼。

思索還有另外一個目的：病人想知道他到底是怎麼了，亟需一個解釋。通常由急診醫生確認的恐慌發作診斷對他們來說不夠。他們深信背後還有比心理因素更多的原因，心理因素對很多人來說一直不是什麼「真正」的東西。「這是不可能的，我怎麼會為了**不存在的東西**如此激動而要進急診室。」這是病人嘴裡很經典的一句話。他們反而揣測自己沒有留意到身體上的一些症狀，所以他們還處於極大的危險中。許多人堅信，心臟跳得這麼快而且不規律，他們的心臟一定有問題，他們開始加強觀察並注意這些症狀。

這個時候，下一波恐懼已經悄然生起，而且還有可能被蓋上發瘋的戳記。有可能正在形成一個新的獨立病兆，所謂的「心病恐怖」，也稱為「心臟神經官能症」。罹患心臟神經官能症的病人傾向於非常頻繁地測量自己的脈搏和心跳律動，或是很仔細地觀察其他身體表徵。即使已經（甚至也許多次）診斷出他們沒有生理上的病因，他們還是堅持要做完所有能做的心臟檢查。

除了憂心忡忡地觀察自己的身體外，許多有恐慌症的病人還開始保護自己不要太過操勞並退出社交圈。但是這樣的舉動反而造成其他心理上的壓力，而這個壓力又是誘發新恐慌發作的有利條件。每一次發作又強化再度發作的憂慮。如果恐慌重複發作則稱為恐慌症。從一次性的事件在短時間內演變成戲劇化的惡性循環。

特定場所焦慮症：對特定地點有恐懼

「特定場所焦慮症」以較簡單的病名「懼曠症」為人熟知。這個名稱已經相當切中重點，因為恐懼會在特定地點侵襲病人：音樂廳、地鐵，或是在一個擁擠的咖啡館裡。特定場所焦慮症通常也會有不斷攀升的過程。起初，恐懼在特定地點侵襲，例如在足球場內。他突然有鬱悶的感覺，迫切想迅速離開這個地方，但是不能解釋為什麼。症狀大都會很快消退。有過一次這種經歷的人，之後會做看起來唯一有邏輯的事：放棄下一場足球比賽。因為杏仁核早已經警覺，並把這個地方在心理系統中標記為「危險區域」。但是就如同前面已提過，杏仁核的小心謹慎無以復加，很有可能會在主人下一次購物時發出相當清楚的恐懼訊號，因為購物街洶湧的人潮讓它想起足球場內的情況。

超級市場，音樂會，溫暖夏日裡遊人如織的公園，所有這些地方可能慢慢會成為恐懼地點，並大大侷限一個人的生活品質，因為他將會避開這些地方，讓自己對情況保有掌控。其他需求會因此受到影響：不能夠自由活動，冒著失去社交接觸和生活樂趣的風險。

過程持續越久，這個人會越來越寂寞和絕望。他們很有可能會發展出憂鬱症和不合適的應對策略如使用酒精、毒品和鎮定劑，這些結果幾乎是理所當然的。

社交畏懼症：害怕與他人接觸

一場派對，跟生意夥伴在一家豪華餐廳吃午餐，高中畢業十周年，對大多數人來說都是帶來歡樂的契機和原因。但是對患有「社交畏懼症」的人而言，光想像就是惡夢。他們對東西或是地方沒有恐懼，而是害怕跟其他人相處。只要一處在人群中，就非常擔心自己行為不合宜並受到批評。

每一個焦慮症都有所謂的「災難幻想」，也就是傾向於對特定事件有非常負面的預測，這就是典型的症狀。有社交畏懼症的病人深信別人認為他們是魯蛇、軟弱、發瘋、無聊或是討厭。因為他們完全合乎典型逃避行為的原則，最不想面對這種情況，所以逃避任何一種他們推測會發生這種情況的機會。

情形可以演變到有些病人無法工作，逃避幾乎所有的社交場合，失去越來越多的朋友，最嚴重的是幾乎與世隔絕。這類恐懼症患者也會因此得到其他的心理障礙如憂鬱症，或是使用毒品來對抗高度的痛苦壓力。

特定畏懼症：害怕不具危險性的東西

大多數人會認為有些東西可怕，例如呲牙裂嘴的鬥犬、站在街邊陰暗角落向人招手的恐怖小丑、手裡拿著武器的人。也有些東西只會嚇到少數人，其他的人看到只會聳聳肩。

恐懼有許多特性，其中一個特性是它很主觀。即使在完全安全的情形下，我們也能感受到最可怕的恐懼。恐懼的主觀特性特別能表現在所謂的「特定畏懼症」中，沒有其他障礙能表現得更明顯。對某些人來說完全無害或是屬於日常生活的東西，卻可已引起一些人的極端畏懼。例如對醫生來說，看到血是再尋常不過的事，但是有人只看到幾滴血就馬上昏過去。有時候甚至只用想的就會不舒服。有些人覺得暴風雨很神奇，有些人在暴風雨過去前就已經嚇得半死。對東西的恐懼包羅萬象：昆蟲、打針、飯店房間裡的遙控器，甚至兔子絨毛娃娃。

有趣的是，大多數人都知道他們對原本無害東西的恐懼過於誇張，而且這些東西不會帶來真正的危險，卻沒有辦法消除恐懼的感受。這些恐懼的根源常常源自童年，並反映出對物件或是情況的錯誤評估，或者由於可以理解的創傷所引起，例如被狗咬。

大部分有這種形式焦慮症的人還是能好好地生活，因為如果幸運的話，他們不太常會遇到害怕的東西而使得生活受限。但是極端情況也是有可能發生，例如一個人害怕打針，寧可賭上自己的健康也長年不去看醫生或牙醫。

廣泛性焦慮症：一直活在憂慮陰影下

「廣泛性焦慮症」真的很可惡。因為在這種情況下，恐懼不是跟具體的東西有關，而是穿透到生活所有領域。有其他焦慮症的人可以透過逃避行為讓自己喘口氣，但是有廣泛性焦慮症的人一直都有明顯的擔憂。

這種恐懼比較不明確，特別會跟所有**可能**發生的事有關。所以它飄忽不定，可以針對隨意情況。常常會伴隨身體的症狀如疼痛、緊張和神經質。病人常常過度擔心大大小小的日常生活狀況如家事、健康、工作責任、家庭，即使有足夠的錢還是會擔心收入。他們不斷在心中描繪可能會失敗，或在未來得到悲慘的結局。

基於這些想法盤旋不去，他們睡不好，易怒，易疲憊，工作能力降低，而且很氣餒，因為他們永遠不能真正地休息，他們日思夜想，完全被榨乾了。即使病人自認為很安全地坐在家裡，他還是安靜不下來。有時候確定無疑的安全情況也會引發恐懼：越少事情發生，病人越相信不久就會發生不幸。這個現象也被稱為「期待的恐懼」：越久沒有危險出現，反而越會陷入危險的想像中。很多婚姻伴侶和孩子常常會有這樣的恐懼，然後發送訊息、打電話等等查看是否一切沒問題，造成了家庭和伴侶關係上很大的壓力。

持續的壓力對身體造成後果：頭疼、神經質、失眠、肌肉緊繃、心跳加速、心悸或是慢性疼痛，是伴隨這項障礙而來的麻煩症狀。很多病人表示，他們長久以來一直膽小和緊張。實際上廣泛性焦慮症在病人早年就已經顯現出輕微症狀，症狀會隨著年紀增長變本加厲。除此之外，病人常常經歷痛苦的分離或其他帶來負擔的事件，如身體上的虐待或是性侵，體驗過昏厥和束手無策的感覺。現在我們知道這樣的經歷會永久改變大腦中負責恐懼的結構，並為焦慮症鋪路。

強迫症：為什麼就是必須做某些事

大多數人不一定會把強迫症歸類到焦慮症，但是它正屬於這個範疇，因為強迫症是對焦慮的反應，更確切地說，病人嘗試透過一定的行為來控制焦慮。

當某個人檢查爐子三次，要戴上手套才敢碰某些東西，不准自己踩到人行道上的白線，這些儀式只有一個目的：控制或是減少對某個東西的恐懼。這類儀式完全符合前面描寫的短期策略，而且在一開始的時候真的很有效，能讓病人獲得片刻的緩解。長時期下來卻會把儀式行為深深印刻在腦裡，並對這種行為懷有包容。這表示有一種強迫性行為產生，它想要擴大儀式，要不然這些儀式就沒有「作用」。

思想老是跟著焦慮和擔憂打轉的人行為具有強迫性。他們腦中最常出現的念頭是意外、災難、暴力行為、疾病或是粗心大意。為了保護自己，病人檢查門窗，常常過度清洗自己，或是在街上不小心碰到人就要數到一百五十，要不然他們堅信會發生不幸的事。在後面驅策這些人的東西很明顯：他們想要掌控情況、情緒和生活。

跟其他的焦慮症一樣，強迫症也是從小地方開始。常常是情不自禁的想法：「門把上一定有很多細菌，我現在一定感染到了一種疾病。」對感染的恐懼促使他行動：「如果現在先用肥皂洗手洗五分鐘，然後再用消毒藥水清洗，也許可以避免最糟糕的狀況。」這樣的方式往往會越演越烈。因為恐懼感染是一個有威脅的經歷，大腦想幫我們一個忙，於是替這個情況貼了一個巨大的便利貼，或者說貼上「軀體標記」。所以很有可能在下一道門前，腦中馬上彈出：「還記得嗎？上次摸過門把後你害怕得要死。根本不要去碰這個門把，如果不能不碰，那你之後要好好用肥皂和消毒藥水洗手，不過這次要再洗得更徹底一點。」

如此一來，恐懼和想控制恐懼的努力會越來越深入生活。每一個對治辦法都會讓這個模式更牢固。病人常常一開始是對抗這些感覺，並想辦法壓抑。但是現在這成了強迫症的本質：它勢力強大，不屈服於它很困難。

親屬或是旁觀者通常不能理解這些儀式。因為強迫症在他們看來不理性，而且很怪異。因為病人對這些行為有意識而且感到羞愧，所以努力隱藏這些行為，而且經常隱藏很多年。他們也許遠離家庭和朋友，有些人因此失去工作或是自己辭職，因為強迫症已無法隱藏，而且生活逐漸受到強迫症控制。最嚴重的情況是強迫症可能會完全剝奪一個人的生活，就像下面的例子。

案例：強迫症

情況

在第一次會談時，病人，一個三十六歲的女士，介紹了自己。她是單親媽媽，有一個女兒（十六歲），她的工作是外送服務。由於有檢查的強迫症，所以從半年前開始沒有工作能力。病人說，只有在完成仔細安排好的流程後才能離開公寓，每次檢查費時約三個小時。到最後這個方法也不管用。儀式在過去幾年中擴展到極致，所以她幾乎無法準時出現在工作崗位上，失去工作的威脅讓她早上的壓力更大。只要檢查的流程被打斷，她就必須重新開始。她打自己，捏自己，希望能停止強迫症。已經多次有人關心她手上的淤青。她很羞愧，還認為自己沒能做個好母親。

生命歷程和疾病發展史

病人描述自己是受期待下生出的小女兒。父母都是第二次結婚，一共帶了五個小孩進入新家庭，病人是他們唯一共同的孩子。與年長的兄弟姊妹之間有距離，但是關係友好。跟父母的關係充滿了愛與關懷。

病人六歲的時候，父親因意外喪生。她說，到現在都還不能克服這個傷痛。她一直希望能有個支持她的父親，即使現在已經成年，還是「對父親有無盡思念」。她的母親在父親去世後必須獨自打理一切。病人說，她的美好世界在一瞬間瓦解。母親養成大量飲酒的習慣，令病人很厭惡。

病人大約十六歲的時候，母親跟新伴侶移民到國外，把孩子留在國內。病人在一個友人的家裡長大。

疾病形成

病人在兒童銘印時期經歷喪父。被遺棄的感覺和缺乏安慰擴大成明顯的無助感和無能為力。她學習到，世界不可靠也不安全。而在成長過程中，母親的酗酒問題和離她而去也一再證實這個看法。這些被內化成危險的經驗使她有強烈的願望想要獲得掌控與安全感。當她感受到自己的影響力降低時，心中會產生恐懼、無助和憤怒。她沒有處理悲傷和挫折的適當策略，因此逐漸發展出強迫症。負面生活經驗越明顯，強迫症也越嚴重。

症狀第一次出現時的環境

病人描寫女兒出生後，症狀慢慢地出現。當時十九歲的她採取了過度防護的態度，行為跟自己的生命故事形成對比。擔心女兒，擔心當時女兒的父親，或是擔心自己發生什麼意外的恐懼讓她格外小心。「我不想因為我讓別人發生什麼事」是她對自己發出的呼籲，強迫自己必須實施最大限度的掌控，既在家裡也在工作上。害怕發生出乎意料和不可預測的事，使病人的行動範圍越來越狹隘，直到她不得不靠控制儀式來生活。

症狀持續下去的因素

害怕如果不執行（強迫性）的行為就會發生災難，因而恐懼自己必須對別人的痛苦負責，加上低落的自我價值感，以及造成心靈創傷的生活事件等等因素，讓惡性循環運轉。另外，「成功的」強迫行為帶來短暫的平靜，也讓這個不適當的應對策略得以維持下去。病人絕望地去面對不舒服的感覺如憤怒、生氣、悲傷和恐懼，導致內心處於極度緊張，病人想辦法用控制儀式排除，直到她收到「獲釋」的訊號，可以繼續其他的日常作息。

這種自發障礙與缺乏替代的行為讓病人固守這項行為。如果不能停止強迫行為，因而出現責打和捏自己的傷害行為，表示病人體會到無能為力，因此也造成了自我價值感貶損和嚴格的自我處罰。不論是她自己的生活還是女兒的生活，都受到了控制。

強迫思考：禁忌占據了想像

另一種形式的強迫症沒有儀式行為，但是病人的負擔不會因此而少一些。患有「強迫思考」的人常常很痛苦，向別人傾吐心聲的心理障礙很高，因為強迫思考都是圍著性和暴力等禁忌打轉。

強迫思考一開始也是慢慢滲透，首先只是日復一日千篇一律生活中的一部分。腦是製造連結的機器。每當我們看到什麼，腦中就會快速閃過能用來做什麼的想法。例如廚房流理台上躺著一把很長很利的刀。我們知道它適合用來剁洋蔥，但理論上也可以插進某個人的肚子裡。每個人一定曾經在意識邊緣模糊地記錄過類似想法，但是可能不太去注意，所以這個想法就被遺忘了。但也有可能發生下列情形，而且類似情形還常常發生：一位母親和她的嬰兒獨自在家。夜裡非常辛苦，她已經有幾個星期沒好好闔上眼了，這樣的生活跟她以前想像的與嬰兒甜蜜依偎的世界沒有共同點。母親的壓力滿載。她在廚房裡看到這把刀，剎那間想乾脆拿刀刺進嬰兒的身體裡。這次她整個注意力立刻集中在這個想法上。這是一個母親所能有的最可怕想法，她很羞愧，責怪自己，並且來回思考是否真的能做出這樣的事來。現在她最大的注意力都在這個想法上，並且和強烈的恐懼與羞愧感連結在一起。現在心靈做它必須做的事：把刀子和嬰兒標記成特別值得注意的東西。這位母親沒有忘掉這個心血來潮的想法，反而因為自己對這個想法的評價而更常想起。她現在會努力禁止自己出現這個想法，因為它太可怕了。我們都知道粉紅色大象的故事，我們絕對不該想到牠，但是當然了，每個人馬上在眼前清楚看到牠了。

特別折磨人的典型循環開始了。而在未來的發展中，它還很有可能會引起其他障礙。超過百分之七十有強迫思考的人還會罹患另一種心理疾病，如憂鬱症，焦慮症，成癮和恐慌症。原因在於病人通常很晚才去尋求協助。這也難怪，誰敢對別人說「我一直想用刀子殺死我的孩子」？

基本上可以放心地對病人說，年輕母親的想法不是被壓抑的殺人企圖，而是正好相反，那是關心的表現，以及想做好母親的最大努力。

安全感：為什麼生活越安全，恐懼越多

焦慮症流傳很廣。根據最新的數據，[37]單單在德國就有一千萬人受到一種病態的恐懼折磨。很多人談論憂鬱症，較少關注焦慮症，雖然罹患焦慮症的人比罹患慢

性憂鬱的人多很多。

我們也常聽到這樣的評論：現今不是出現較多焦慮症和憂鬱症病例，只是比較常被診斷出來。許多專家堅稱，從一九五〇年代開始，焦慮症真正增加了至少一點二的標準差。如果事實如此，那真的有點荒謬。我們的生活條件越來越安全，人們的恐懼卻也越來越高。怎麼會這樣？

主要有兩個原因：第一個原因，恐懼系統是邊緣系統的一部分，它真的很古老。它存在的目的就是讓我們迅速反應，做應該做的事，例如當我們穿越曠野時，從草叢後面突然竄出一頭劍齒虎。要不然它很喜歡處於待命狀態。

我們想像一下，幾千年前的生活條件是很惡劣的。的確，當時人類身上掛著一條纏腰布，帶著一根棍子做武器，穿過充滿可怕動物和敵對族群的世界，想像起來一點也不有趣。但是我們可以假定，儘管那時的生活如此，還是比我們現在的生活安靜得多。

在我們現在居住的地帶，大部分的人可以安穩地睡在四面牆裡，去超級市場買食物。但是現代世界並沒有讓海馬迴和杏仁核減輕工作：四線道馬路、救護車的鳴笛聲、空氣壓縮錘、大貨車，邊緣系統認為所有這些東西都具有危險性，它不斷地啟動壓力軸。

如果以前的氏族在距離我們洞穴三公里外的地方打破一個人的腦袋，我們不會得到任何消息。如今我們在幾分鐘內就可以透過無數的頻道得知全世界發生的暴行。具有群體性的大腦不得不想：一切難道不會越來越惡劣？

另外一個問題是，除了所有這些實際上會喚起恐懼的因素之外，還有我們積極認定會引起恐懼的因素。如同在談特定畏懼症時曾提到，恐懼不是單純針對一個真實危險所做出的反應，也針對所有主觀感到害怕的東西。

這在現今的年代並不少見：有許多人有失去生存保障或是失去社會地位的恐懼。不斷的競爭、失業、排擠、棘手的工作，這些是今日的劍齒虎。人們排除了很多以前的威脅，但是又給自己創造了大量的新威脅。競爭也是一種**戰鬥**，甚至攸關生存。我們在社會裡爭取一個位子，爭取工作，和一個好伴侶。

今日最大的威脅是無法預測的未來：退休金還有保障嗎？會受到下一波裁員波及嗎？十年後還付得起房租嗎？所有這些問題讓我們恐懼，帶來壓力。五萬年前從樹叢裡跳出一頭可惡的動物，讓石器時代的我嚇個半死。但是之後可能就平安無事，不必思考如何協調工作和家庭，擔心蔬菜裡有農藥，身材不完美或是明天要做的報告。

恐懼之所以會產生，大多是人面對事情蜂擁而至，感覺到自己無法掌控或是做決定。對我們生物體而言，它不在乎某個東西是否真的危險，或是我們把它界定為危險。心靈做它該做的事，並做出相對的反應。我們雖然坐在安全客廳裡舒服的家具上，卻經常有前線戰士的壓力和緊繃的身體狀態。

這會留下痕跡，而且在腦裡留下真實的痕跡。身體不斷地要求杏仁核。杏仁核相信自己常常會派上用場，所以就適應了這個環境：它一直保持警覺，越來越敏感，因此太常也太早就拉警報。如果發生這樣的事，前面描述過的實驗結果就可能完全相反。只要對杏仁核中特定的細胞連接稍稍一點過度刺激，貓就會害怕地躲開老鼠，或是出現生氣的反應，毛豎直，背拱起，瞳孔放大。當杏仁核因為持續的刺激而過度興奮時，我們會把事件評估得越來越危險。這也可以解釋，為什麼我們會把原本中性的刺激視為危險，過度詮釋負面的刺激。

我們知道，有些人從童年起就有超級活躍的杏仁核。受虐兒童的恐懼系統很早就得對非常可怕的經驗做反應，所以常常有明顯增大的杏仁核。它適應過高度的恐懼，會一直維持這個水準到成年。如果不中止恐懼，恐懼會一直擴大。它還會影響我們感知外界訊息的過濾器。我們會特別容易接收到能肯定自己恐懼的資訊，然後形成新的壓力，而這個新壓力又會讓我們對新恐懼特別敏感。如果沒有接受治療，恐懼就會越來越強烈，範圍越來越大，也越來具有威脅。恐懼不會自己消退。我們要付出心力和努力克服，才能打破恐懼的循環。但是一切是值得的，因為恐懼不只會造成更多恐懼，也會引起其他病兆，尤其是憂鬱症。

受到地獄折磨的心靈

憂鬱症會引發最可怕的煎熬。心靈遭受巨大的痛苦，病人常會想一死百了。憂鬱症患者來自社會中堅，也來自社會邊緣，不分男女老少，貧富貴賤。

相關數據很驚人：每五個德國人中有一個人一生至少罹患一次憂鬱症。所以我們每個人一定認識某個憂鬱症患者，只是不太確定患者本身是否知道自己有憂鬱症。有憂鬱症的人不是只會垂頭喪氣地坐在角落，有些人反而更積極投入工作，在自己和別人前面維持外表的假象。每天早上笑臉迎人的麵包店老闆娘可能深受憂鬱症之苦；家裡的叔叔可能也有憂鬱症，雖然他仍不時發表至理名言，從事他的愛好。憂鬱症有很多不同面貌，垂頭喪氣只是其中之一。

憂鬱症病患有共同的症狀，也有完全相反的症狀：這個人胃口大開，那個人沒有胃口。有些人安靜不下來，睡不著覺，有些人覺得身體重如鉛，可以日以繼夜隨便躺在任何地方。有些人的動力降低，難以勝任日常的工作，僅僅洗澡穿衣都變得吃力。儘管如此，這些症狀背後有可能隱藏了心靈苦痛之外的其他因素。有些生理疾病很像憂鬱症，所以必須由醫師來診斷。例如甲狀腺功能低下可能導致類似憂鬱症的症狀。缺乏維生素B_6，胰島素阻抗或是有些癌症，偶爾也會顯示憂鬱的病兆。

就算確認了「憂鬱症」的診斷，我們還要區分病情程度的高低，是否有生理症狀，是否有精神病成分。有時候它以階段形式一再出現，有時候在心靈深處落地生根。

但是，是什麼引發憂鬱症的呢？

憂鬱症：一種心理障礙，多種原因

憂鬱症不只一種，所以病因也不只一種，但至少有好幾個不錯的解釋模型。

到目前為止未受爭議的模型來自美國精神科醫師亞倫・貝克（Aaron T.

Beck）。貝克雖然在公眾心目中遠不及佛洛伊德有名，但是在專業圈裡，他是歷史上最有影響力的心理學家之一。這也難怪，長時間以來除了佛洛伊德的心理分析可以觀察心靈的千千結之外別無他法。貝克和幾個與他想法類似的同事用一個新方法擴大了分析：認知行為療法（cognitive behavioral therapy）。

之所以叫「認知」，是因為重點放在「知覺」上，也就是思考或者說是資訊處理上。大部分人會說，憂鬱症是感覺上的障礙。悲傷、絕望，還有憤怒或悲觀，都是人的**情緒**。但是貝克觀察到走在情緒前面的東西：我們對周遭事件的感知和評價。他發現，有憂鬱症的人常常會用一種有特定刻板印象的模式來感知這個世界，從中得出結論，最後才形成相應的情緒。

舉個例子：我和某個人約會，但是友人在見面前幾分鐘取消了約會。從這裡開始有非常多評價這個事件的可能性，並在最後得出一種情緒。例如可以想：「啊，這個可憐的傢伙，一直有這麼多事情要做，下一次一定可以約成。」這個想法不會讓情緒激動。但是也可以想：「我搞清楚了，我對他一點也不重要。」從這個想法中就衍生出完全不同的情緒：生氣，甚至會憤怒。

但是為什麼有些人會對同一個情況做出完全不同的評價呢？原因在於，我們的信念由基模決定，而基模是由過去不好的經驗形成的。

基模是我們看世界的刻板印象。我們人類傾向在世界上尋找「符合基模的內容」，也就是符合我們對自己和對世界看法的情況、想像和影像。如果某人的基模是「我不值得人愛」，他傾向自動視約會取消是因為自己的問題，把事情跟自己認為的缺點聯想在一起。取消的約會也許會讓他心情悲傷或受傷，並加強他對自我評價的思考模式。未來他也會特別容易感知到負面經驗，對於正面或中立情況的感知也會受限。根據貝克的看法，如果人倉促地得出結論，誇大負面東西並忽略正面的，是因為他有不合實際的期待，或是自以為知道別人對他有什麼（負面）想法，他的感知和評價有很多種形式的扭曲。

下表列出這些典型的錯誤想法，也許每個人會有被說中的感覺。

負面想法	有幫助的替代想法
倉促的結論	
S先生沒有跟我打招呼。這裡所有人都不喜歡我。	S先生沒有跟我打招呼。也許他今天諸事不順，或者他在想別的事。
我沒有感覺到藥效。藥物就是對我沒效。	我沒有感覺到藥效。我會跟醫師談談這個藥是否適合我，劑量對不對。

誇大和低調 其他人的心情一直都很好，只有我愛發牢騷。 M小姐的蛋糕一直很完美，我的蛋糕總是做不好。	沒有人是完美的，每個人都有弱點，也有優點。
過度的責任感 以前應該多關心我媽，現在太遲了。 我不應該去工作，要不然我兒子就會通過高中會考了。	我不可能對所有事負責，我已經盡力了。
願望和不實際的要求 我們必須一個人解決所有問題。 他應該看出來我心情不好。	為什麼要過度為難自己？我要尋求援助！ 他的反應不是特別有同理心，我要找他談談，並告訴他，我的心情不好。
一直把事情跟自己牽上關聯 我只會搞砸別人心情，我最好留在家裡。 他們都在看我，看到我過得不好。	我跟那些喜歡我並接受我的人來往。

情緒化的論證	
我覺得自己差人一等，我也的確差人一等。	我意識到自己的長處，它們可以幫助我找回自信／變得更有自信。
我感覺不到希望，我也不可能有希望。	「檢查你的希望和恐懼，如果一切都不確定，那是對你好：相信你想要的。」塞內卡（Seneca）

出自：Pitschel-Walz，Bäuml，Kissling. Psychoedukation Depressionen, Taschenbuch. Urban & Fischer Verlag München 2003.

尤其當人有很多壓力的時候，例如因為工作、疾病、損失、離婚或是擔憂所引起的壓力，更會增強這樣的想法，因而出現所謂的「認知三重奏」。因為人會不斷思考令人操煩的想法，而這個想法牽涉到三樣東西，所以有這個名字：自己本身（我什麼都不會），環境（命運對我特別差）和自己的未來（未來會跟現在一樣糟）。想法經常在沒希望、自尊心很低、過高的自我批判、迴避和逃避，以及自殺等念頭上打轉。

在這種情況下，我們只會不斷收集到更多不好的經驗。每個人都清楚這種情況，不過是以較溫和的形式出現：有些日子做什麼都不順。早上把咖啡倒在襯衫上，錯過地鐵，因為心情已經盪到谷底，所以老闆的批評讓我們備受打擊。在這樣的日子裡，不幸似乎都擠在一起，好像壞運特別來眷顧。實際上是惡劣心情提高了我們對不好事件的注意力。內心正關注的東西會如影隨形地跟著我們。

憂鬱症的神經生物學：化學物質失調

如果生活由不利的基模指揮，不僅會影響想法和感覺，還會影響行為。一個人若是想，他只會破壞別人的氣氛而待在家裡，他也傷害了他對依附關係以及樂趣的基本需求。由此產生了下一個不幸和下一批糟糕的想法。長久以往，我們的腦不會無動於衷。

腦裡蜿蜒曲折的灰色細胞是我們經驗的總和，會反應身體內部和周圍發生的事。發生得越頻繁越長久，神經細胞結構也越會適應環境。想一些美好的事會引發正面反應：有時候只要一張所愛的人的照片，就足夠釋放出大量催產素並有幸福的感受。相反的，不好的想法會啟動壓力軸。孤單、失望、悲傷或是絕望正代表著心裡有巨大壓力，而壓力會一直影響體內的神經生物和神經化學。杏仁核會反應任何一種情緒刺激，如果受到太多的恐懼情緒不斷刺激，它可能會適應這種高度恐懼。

然後我們會感受到更多威脅，對事件的評價比事實來得更負面。海馬迴原本可以發揮中和效果，但是它的力量卻也同時降低了。透過顯像技術可以觀察憂鬱症患者，其中許多人的海馬迴變小了。憂鬱症持續越久，它就會變得越小。

我們的想法、情緒和經驗也會影響血清素系統。焦慮症和憂鬱症病人身上的血清素分泌會大量降低，而製造慾望和樂趣並發揮止痛功能的內源性類鴉片分泌量減少，這或許可以解釋，為什麼這些障礙常伴隨著帶有疼痛的疾病。憂鬱症病患血液中催產素的濃度也比較低，這會提高病人對壓力的敏感度，並且容易被激怒。

憂鬱症患者很典型的症狀是想太多，而且現在也有了神經學上的解釋。科學家在「腹內側前額葉皮質」中找到原因。如果這塊腦區域活躍，人就可以將注意力集中在內心世界，我們可以反省自己，檢視人生回憶。通常人在專注於某項任務時，這個區域的工作就會停止。重度憂鬱症病患的這個大腦區域活動就處於靜止狀態，這可以解釋為什麼病患通常有注意力不集中的症狀。[38]很多人翻開書甚至讀不了幾行字，乃因為內心裡的痛苦想法擠進了他的注意力中心。

這個理論可以解釋，為什麼憂鬱的人很難制止自己左思右想。他的親屬尤其難以理解這一點。「唉，別想得那麼負面」這樣的話並不能改變一個活躍的前額葉皮質，反而會在病人心裡造成更多的焦慮、挫折感、內疚和自責，因為他們無法做到這個建議。

憂鬱症的神經生物面向目前可以說已經研究得很透徹，並且讓大家清楚看到病因，所以有些科學家已經稱它為生理上的疾病，一個由心靈因素引起的生理疾病。每個病人病因的產生是很個人的，所以治療的唯一方法在檢視個人的疾病生成史，然後給予適合這個病人的治療。

案例：憂鬱症

情況

女病人五十歲離婚，有一個二十八歲的兒子，第一次面談時，她敘述在工作崗位上因為受到霸凌而疲憊不堪，在關係結束後憂鬱症發作。病人租公寓獨居，與現在的伴侶處於分居狀態。

擔任辦事員的病人描述的症狀有經常無法控制的哭泣，強烈的緊繃精神，和恐懼自己無法勝任工作要求。還有緊張不安、動力減少、痙攣、呼吸困難、入睡和連續睡眠的問題（以前用安眠藥）、過早醒來或是夜裡驚醒（早上就相當疲憊）、惡夢和「毀滅性質的鑽牛角尖」。除此之外，她還抱怨有擴散性頭疼、腸胃痙攣和拉肚子的問題，特別是在有壓力的情況下，擔心身體會繼續衰弱下去。她承認已退出社交活動，又擔心無法再兼顧現存的友誼。

她仍然很依戀十三年前結束的關係。當時的男友在婚禮前幾乎沒說一句話就離開了她。她描寫了她的悲傷、無助、憤怒和自卑，多年來都不知道該如何面對和處理這些情緒。在生活中她一直必須當強者，但是現在確定自己不再能符合這個形象，因此更自卑，並且很害怕被拒絕和看低。她希望得到協助來學習表達並貫徹自己的需求和願望，並且得到更多力量。

生命歷程

病人出生於一九五六年，家人本來希望她是個男孩，在她的面前曾經用不同的暗示或是公開譴責中表達出來。母親對生女兒的失望讓病人一直很悲傷，所以她的行為舉止一直像個男孩，也像男孩一樣地玩耍。沒有洋娃娃，經常在戶外、樹上和泥濘中，就像她想像男孩玩耍的方式。

她有一個姊姊（大她兩歲），病人必須一直考慮到她和照顧她，因為病人被視為姊妹中較強的。童年時跟姊姊的關係良好。母親癌症去世後（病人當時三十歲），姊妹關係嚴重惡化。加上她必須照顧父親，病人接手了「主持家務」的角色。父親由於失意借酒澆愁，令她反感，但是卻「救不了他」。

病人眼中的母親很強勢，他們之間的關係緊繃，缺少愛，充滿了不諒解、嚴厲和專橫跋扈。病人常被打，十五歲時第一次反抗。進入青春期的時候，母親一直認為病人必須打扮漂亮，「對外展現一切都很好的一面」。鄰居和外人的看法一直有決定性的影響。

如果病人沒能或是不想達成要求，母親會用一句「如果妳不做，就送妳去收容所」來威脅她。父親沒有保護她，只顯現出無助和屈服的態度。

學業發展

小學畢業後，病人得到老師推薦上高級中學。母親反對，所以病人在完成普通中學以後接受職業訓練。父親在這裡也幫不上忙。病人以優異的成績獲獎，提前結束課業。但是後來沒有一個工作能讓她感到自在，經常換工作，很少有融入和被重視的感覺。現在她是老闆助理，覺得自己好像在家裡：接受命令，然後執行。

兩性關係發展

二十歲時認識丈夫，也就是孩子的父親。婚姻很快就破裂。丈夫（酗酒者）施暴、性侵、侮辱、欺壓，還經常跟不同的女人發生性關係來貶抑病人。丈夫對兒子和她負有全責；出於恐懼丈夫的暴力，以及社會對失婚的負面評價，病人不敢離婚。情況越演越烈，直到二十八歲第一次自殺時達到高峰。

在後來的關係中，大部分的伴侶明顯都比她年輕很多，她沒有安全感和被呵護的感覺。在一段關係中，她決定再度走入婚姻。婚禮都已籌備好，但是就在舉行婚禮前不久，伴侶因為另外一個女人離開她。病人一共有過五段關係，一直希望自己「值得人愛，能有一個屬於自己的人」。治療開始的時候，她沒有固定的關係，覺得寂寞，不吸引人和絕望。

心理狀態檢驗結果

第一次面談時，病人打扮得很仔細，穿著年輕，表面看來自信，非常纖細。她給人緊張、焦躁、有壓力、內心不寧靜的感覺，好像不能犯錯一樣。她的動作急躁，但嘗試讓節奏靜下來，眼神在尋求協助。給人垂頭喪氣的感覺，有時候因為來尋求幫助而覺得尷尬。第一次面談時，她多次努力卻止不住哭泣。但是在接觸的過程中，她越來越能敞開心胸。感情上沮喪悲傷，能適度地讓情緒波動。病人堅決反對使用毒品和自殺。但是她每天還是有自殺的念頭，但是沒有計畫。

診斷

復發性憂鬱症，中度，有生理症候群，創傷後壓力反應，廣泛性焦慮症，人格特色：膽怯地逃避，沒有自信，做作型人格障礙症。

解釋

病人從出生開始就被否定。她的女性身分很早被摒棄。童年和青少年時期經歷到咎責、要求、專橫的依附關係、不安全感、忽視和心靈虐待。病人對自己要求嚴格，害怕失敗，因而讓自己負擔過重，特別在生理上感受到過重的負擔，這些因素形成惡性循環。用工作表現來贏得關注，當作建立關係的策略，但也體驗到依附關係危險、傷人，並讓人受委屈。病人在不同的關係中都有這樣的體驗。但是她嘗試掌控與年輕人的關係，並從中產生關係的安全感，卻從來沒有成功過。她想要拯救父親酗酒的企圖失敗，導致對自己基本上有負面和失敗者的想法（自己發揮不了作用）。

她利用過去的經驗，並把「只有當我特別努力的時候，我才有價值」的觀點內化。每當這個模型不成功，而她感到自己沒價值的時候，她就更加努力，犧牲更多自己的願望和需求，只為了達到更有價值的目標，也就是保障自己的價值。她不能正常地調適觀點、評價和界線，所以必須維持這個系統的運作。因為筋疲力盡，所以嚴重忽視對社會依附關係的需求。因為沒有健康的睡眠，所以得不到休息，一方面導致身體復原不佳（在快速動眼期），另一方面身體缺乏必要的休養，無法讓病人較容易忍受鑽牛角尖、夜裡多次醒來和影響多方面心理的沉重感覺。

病人缺乏可靠的正向刺激，感受不到自己也能發揮作用。長期受到痛苦想法的驅使，使得身體狀態高度緊張，身心處於惡性循環中。

由於缺乏適當策略，病人停留在工作表現和自我犧牲的狀態，但是仍無法藉此擺脫失敗和無助感。表現與失敗的惡性循環明顯出現在病人的行動策略裡。透過獨來獨往的行徑，把自己跟別人隔開是一種形式的掌控。但是特別在工作環境下會形成問題，因為這種行為看起來不合群，也會得到別人的惡評。病人有許多惡性循環，彼此又互相影響。無法把初始症狀獨立出來，足見此障礙的複雜程度。這麼多年下來，委屈、負面感覺、心靈創傷和不適當的策略，交織成一個情緒和行為的混合體。有必要區隔出單一面向，先個別然後再從因果關係中去處理。

焦慮和憂鬱：喜歡一起出現的症狀

焦慮症和憂鬱症通常被認為是兩種不同的障礙，也被視為兩個不同的病兆。但在實際生活裡它們是最好的朋友，最喜歡一起出現。一個來自荷蘭的最新研究[39]證實了這點。研究表示，百分之六十七的憂鬱症病患伴有焦慮症。大約有相同比例的焦慮症病患同時也有憂鬱症。針對這種形式也有專門的疾病分類：焦慮憂鬱混合症。

神經科學家對兩個病兆的緊密性很感興趣。在大腦掃描的檢視下，一般難以區別焦慮症與憂鬱症的病人，但幾乎可以確定杏仁核和內側前額葉皮質的作用亢進。海馬迴常常變小，大都也有血清素系統功能不足的情況。所以兩個病狀會用同一類型的藥物治療，很多病人對藥效的反應很好。

是什麼把恐懼和抑鬱綁在一起？有些研究者說，這不是一個共同的關聯，而是順序。他們的看法是，基本上來說，憂鬱是焦慮理所當然的延續，也就是下一個等級。焦慮症常發生在憂鬱症之前，相反情況幾乎不存在。

雅可．潘克塞普在一項動物實驗中研究了這項機制，並非常生動地描述了這個機制。如果一隻小雞，小鹿或是小孩失去了與母親的聯繫，牠們會馬上反應出分離的痛苦。潘克塞普能確認這個機制的神經單位，並稱此反應為「恐慌／悲傷」。當動物和人類小孩與主要關係人的依附關係受到影響，這個機制會馬上啟動。生物會立即發出絕望的聲音，也以絕望的哭泣著稱。40

如果一個重要關係被切斷，我們的身體和動物的身體一樣，被設計成會做出深度絕望的反應。絕望雖然是個很可怕的感覺，但也是刺激我們尋求救援的狀態。絕望能動員身上所有的力量，驅策我們行動。絕望給予一道明確命令：「馬上把關係再建立起來！」所以可以看到孤單的小鴨子緊張地在池塘邊游泳。如果媽媽離開嬰兒的視線，嬰兒會爬動，慌張地找尋。在恐慌／悲傷的狀態下，生物會採取所有可行手段來救自己，以結束被遺棄的狀態。

生物內心雖然充滿了恐懼，但是牠奮戰不懈。理論上憂鬱症是理所當然的，也是悲哀的下一步發展：當所有拯救自己的努力都徒勞無功時，憂鬱症就上場了。受害人的想法和情緒都反映出放棄的心態。他們內心通常是深深的無望，失去活著的樂趣。「我活著不再有價值！」「我的家人恨我！」「我是每個人的負擔！」「我不重要！」「我沒有存在的權利！」以及「我是個壞人，要不然命運不會這樣懲罰我！」

都是我在治療中在不同情況下聽到的話。那些對自己不再有正面想法的人具有這些內心信念。

輕鬱症：沒有四季的日子

輕鬱症（Dysthymia）是一種症狀比較溫和的憂鬱症，但是非常頑固。上面描述的憂鬱障礙一般有兩種不同形式的發展：症狀越來越嚴重，直到一個高峰，或者症狀發展分階段，病人情況時好時壞。輕鬱症常常持續好幾年或者好幾十年，病情維持在中度不佳的狀態。

Dysthymia在希臘文的意思是惡劣的情緒，一針見血說中障礙核心。有些人描述生活好似蓋了一層輕紗，透過這道輕紗，所有人和東西都看起來灰濛濛的。這層紗吞噬了生活中所有的絢爛色彩，日子沒有高潮也沒有低潮，沒有四季變化。

雖然心靈痛苦雖不若重度憂鬱症深刻，但也不是恩賜，且足以做為對病人的詛咒。中度或重度憂鬱症經常必須接受治療，因為病情已經到了無法隱藏或無法忍受的地步。輕鬱症讓病人還有點餘力完成日常工作，且把持續低迷的心情當成人格一部分。

如果病人尋求協助，情況有可能會被誤判，因為他還是積極參與日常生活中的活動。所以輕鬱症有時候不會被發現，也不受重視，病人繼續處於飽受折磨且無望的狀態。這個障礙頑固且長期，很多人到了某個時候就放棄痊癒的希望並且死了心。結果病人只在慢性情緒低潮上累積了憂鬱症之後才會接受治療，這被稱為「雙重憂鬱症」(double depression)。

輕鬱症往往從年輕的時候就開始了。受影響的人有時候會被人冠上「憂鬱小生」的稱號，他們也接受這個角色。這也增強了這個疾病被視為人格的一部分而不被視為障礙的危險。

躁鬱症：瑪莎拉蒂是你的了

憂鬱症的發展過程可以是一、持續性，二、階段性，和三、增強性。但還有另外一種可能。它可以突然徹底翻轉，進入亢奮期。人們稱之為「雙相情緒障礙症」(bipolar disorder)。病患會從一個極端拋入另一個極端，從憂鬱到狂躁，然後再回來。剛剛病人還提不起勁出門，才一會兒的功夫他就活力四射，結交新朋友，開始做一項大有可為的計畫，所有的擔憂一掃而空。他們的魅力吸引到其他人，產生一種閃耀的勝利者光芒。這種亢奮常常也剝奪了他們對實際狀況的感知，有時候會讓他們做出混亂和無意義的決定和行為。在這個階段他們沒有辨別能力，而且情況可能變本加厲，他們會做出招致破產的生意或買賣，或是讓支出遠遠超過自己或別人的預算。

他們毫無控制地跟隨心中的任何一個衝動起舞，有時候帶來了社交、財務和健康上的破產。我曾經治療過一個病人，他的職業是園丁，但是有一天開著瑪莎拉蒂來到診所。

亢奮可以維持幾星期，然後就完全漏了氣，以飛快速度跌入憂鬱深淵。處於兩種極端中間的時期很棘手，有時候會出現高度爆炸性的混合期。在這段期間內，狂躁症的高度亢奮直接遇上憂鬱症的情緒低潮，自殺企圖特別容易出現。

有些作者把狂躁症發作當作生物體對憂鬱症的免疫反應。理論聽起來很吸引人，但是還有其他很多假設。例如一個基因變種似乎會促進障礙發作：有些人身上特定感受器的密度和敏感度改變了，以至於去甲基腎上腺素和血清素的處理方式跟健康的人不一樣。

有些例子也顯示，雙相情緒障礙是某些藥物的副作用，可體松、降血壓藥以及例如β受體阻滯劑或抗生素可能會引起躁鬱。有時候也可能是甲狀腺在搗蛋，如果它沒有正常工作，會引發做事不帶勁、心情低落或是有攻擊性、易怒和煩躁。毒品和酗酒也可能是原因。

產後憂鬱症：心情隨著孩子的到來變沉重

產後情況沒有什麼好美化的，因為統計數字驚人：百分之二十的女性坐月子時有憂鬱症，也稱為「產後憂鬱」（postpartum depression）。根據大眾的看法，生產後應該是女性一生中最美好的時刻之一。但是每七個女性中有一人在生產結束後卻開始了長期痛苦的折磨。情況不限於女性，大約有百分之四的父親也會有產後憂鬱症。

一生中沒有罹患憂鬱症的「合適」時間點，可是憂鬱症出現在新手媽媽身上實在非常不合適，她現在應該要歡天喜地才對。這份期望在許多方面導致致命後果：母親很了解他人對她的期望，所以不敢表達出真正的感受。哪有一個手抱粉嫩可愛寶寶的人會承認：「我的感覺很糟，最想死了算了」？期待的寶寶出生，來到這個世界上，期待的人們應該很幸福，並扮演好新角色。身處在這個情況下讓媽媽倍感額外壓力，並且讓症狀惡化。產後出現情緒混亂是正常的，但卻讓憂鬱症的症狀很難從情緒混亂中分離出來。每個母親不是都很容易就濕了眼睛？我們不是也常常聽到：「哎，還不是荷爾蒙作祟！」？

所有情況導致這種特殊形式的憂鬱症至今鮮為人研究。目前它被認為是憂鬱症狀亞型，但是越來越多的數據顯示，產後憂鬱症有自己的面貌。尤其是腦部掃描照片讓研究者很困惑：一般患有典型憂鬱症或是焦慮症的病人主要有過度活躍的杏仁核，但是生產後婦女的杏仁核反而比較不活躍。[41]為何如此還沒有解釋。不論原因為何：生產後焦慮或是憂鬱的情緒障礙不僅對母親來說很可怕，也會牽涉到孩子以及兩人之間非常重要的依附和互動關係。母親有憂鬱症的孩子通常一生都受苦。生產後（部分甚至很劇烈的）心情變化就荷爾蒙和心理轉變的情況下來說實際上很正常，但是如果沮喪消沉，或是經常過度擔憂超過三到四個星期，就應該儘速尋求專業協助。尤其是家庭裡有憂鬱症病例或母親本身早期曾患有憂鬱症，就更要去看醫生。因為這些條件會提高罹患產後憂鬱症的機率。

案例：產後憂鬱症

情況

病人（三十五歲），已婚，有一個四個月大的兒子。在急診住院後，主治醫師建議她前來接受門診的心理治療。病人描述她有許多造成壓力的症狀，例如跟恐懼和擔憂結合在一起的嚴重睡眠障礙、高度筋疲力竭、痛感，對兒子和其他人有憤怒、悲傷和麻木等不穩定情緒，羞愧和罪惡感。她從社交活動中退縮，也包括家庭和丈夫。

她原本不想結婚，但是確定懷孕後，她就同意了。她的成長深受天主教影響，所以她不能當未婚媽媽。她曾經試圖振作起來，通常她很在行，但是現在不知怎麼地辦不到。她覺得自卑，這種感覺她已經認識了一輩子，她試著用當審計員的特別傑出表現來「彌補」這種感覺。

嚴重的心情低落大約在四個月前兒子出生以後才開始。被送進醫院前不久有急性的自殺傾向，所以她被送進急診。她不斷有自殺的意念和殺兒子的想法，這讓她自己很震驚，而她害怕不能控制自己。

她不好意思說她不知道該拿兒子怎麼辦，兒子對她來說就像是一個想跟她要東西的陌生人，但是她感覺不出來是什麼東西。家裡每個人都給這個小孩子迷住，但是她卻沒有感受。她不想碰他，餵他奶，實際上是完全不想跟他有任何關係。「我其實不應該說這些，但是面對他我毫無感覺，面對自己也一樣，對我丈夫也沒感覺。」她感到很羞愧很傷心，因為這跟她想要的不一樣。工作對她很重要，希望很快能恢復工作。但是想休息的願望也很大，所以她陷入衝突之中。

精神病理學

在第一次會談時，病人衣著平凡，友善微笑，特別努力維持外表假象地對我自我介紹。她努力控制自己，實事求是，表現出冷靜的情緒。她看起來好像是努力不要犯錯；身體上用力／緊繃狀態很明顯。第一次會談期間，病人表現出高度情緒不穩以及帶有重度憂鬱特徵的恐懼、暴哭、對事情有災難式幻想。

她對於必須緊急住院接受治療覺得特別不好意思，對當時的自殺傾向感到慚愧。她一直以來的態度是「人絕不可以意志消沉」。這個觀點現在必須修正，並且因此感到自卑，覺得自己是個失敗者，對自己的情緒與麻木不仁束手無策。

在後來的會談中，不斷凸顯出下面的訊息：對兒子的責任和與他接觸讓她恐懼，嚴重的胡思亂想並重複思索一個想法，以至於有入睡和連續睡眠的問題，做惡夢，遠離社交，無力感加上絕望和羞愧。主觀上的動力消退，精神和注意力也不能集中。情緒上的障礙明顯表現在憂鬱、焦慮、自主神經系統上的障礙（如胃口，睡眠，性慾降低）。

過去的疾病發展史

病人是最小的女兒（有一個大五歲的姊姊），父親是建築師，母親是外祖父公司裡的老闆。家庭嚴格遵守天主教教規。父親在病人八歲的時候去世，之後母親變得冷酷和嚴厲。生命中頭幾年，病人對父親的感覺是孤僻、疏離、善妒、獨來獨往和冷淡。他只對她的成績表現感興趣，即使是病人畫的一張圖，他也能挑毛病。

父母對她的懲罰方式是不給予愛和關注，並且沉默以對，獎勵方式則是錢和禮物。不會討論彼此間的衝突，只會加以粉飾。父親在世時，病人跟母親的關係充滿了愛與支持。但是母親也採取干涉和說教的方式，同樣以成績表現為導向。病人一直很生氣母親對她的能力沒有足夠的信心。

母親在父親去世後完全變了，讓女兒盡更多義務，並且不斷批評女兒的行為。病人一直害怕做錯些什麼，所以想辦法在行為上表現得中規中矩，而且只做她知道是正確的事。丈夫是她的大學同學，曾經努力追求她，並從那時候開始在一起。剛開始頭兩年他還有另外一個女朋友，但是「最後選擇了我」。她不能說是否愛他，但是應該是有些愛存在。在與他人接觸方面，她害羞，退縮，缺乏自信，不願起衝突，能忍耐。二十六歲時在晚上回家的路上遭人攻擊，但是沒有發生什麼事。那個人只是打了她，然後有人過來，他就跑了。

病人描述，她常常覺得自己在蝸牛殼裡不敢出來。如果有人有事相求，她就配合。跟她先生之間的情況也是這樣，跟她現在工作的公司也一樣。透過努力工作取得的工作職位讓她覺得「不受侵犯」和安全。懷孕不在計畫內，但是她丈夫長時間以來就期望有一個完整的家庭。在這方面她自己並沒做進一步思考。

行為分析

病人在生命和學習歷程中將無助感和無力感內化。尤其是父親的過世和攻擊事件，在她的學習歷史上留下不可磨滅的經驗。把攻擊事件當成小事，是在無助情況下的防禦措施，正好碰上童年還沒有處理好的心靈創傷：父親逝世。

她的自傳裡顯示她在家裡缺乏關懷，受到貶抑，自我遭受動搖，之後的伴侶關係平行沒有交集，同樣被病人當成無關緊要的小事來保護心靈。自己沒有影響力，任人擺布和無力感因此根深柢固。總體來說，自己是受害者的想法很明顯，但是病人自己卻感覺不到。攻擊和兒子的出生在她眼中帶來了心靈創傷。她有過不愉快的童年和青少年時期，在這裡形成了明顯病兆。

與父親的關係冷淡以及父親早逝對她的影響很沉重，還有母親在父親去世後態度劇烈轉變，也讓她負擔很大。病人雖然內化了對自己的負面看法和自我貶抑，但是被一個單方面保護自我價值感的安全機制牽制：展現出高度工作表現的意願，同時把自己的願望和需求擱在一旁，導致她的決定多半是用來滿足別人的願望。

父親去世後，她承擔了更多的責任，連帶也使她在行為上不斷受到批評，讓她對失敗產生了罪惡感，並對自己有負面看法。她沒有學習到感受自己的願望和需求，也沒有人支持或是詢問她的願望和需求，所以病人無法區分自己和別人的願望和需求。

排斥兒子可以理解為心靈創傷系統負擔過於沉重。另外她也否定了整個生命，只是把兒子當成誘因。對兒子沒有情感，讓她有罪惡感。

失敗的經驗、無助感、自我貶抑、僵化的思想和追究原因所形成的惡性循環，會自行推動繼續發展。她穩固自我價值的策略就是產生正面的強化因素，可以從她想盡快回到工作崗位上的願望上看得很清楚。這無疑是最合適的策略，讓她可以在生命的其他領域繼續發展，而不是只有死亡一途可以選擇。

不合適的應對策略如強打起精神、忍耐下去和規避問題都沒有效果，還會讓她一直感到無力和沮喪。病人住院接受了特別為產後憂鬱症母親所設計的親子治療。這讓她有機會跟其他母親接觸，並敞開心胸交換經驗。這麼做可以讓病人改變對自我的感知和自我的貶抑，檢視自己的道德觀點，並且在能力範圍內與孩子建立關係。接受自己的心理狀態——說比做得容易，病人必須一直得到內心的許可。另外也要有認知上的想像，之後能與自己和孩子分享情緒。一切都需要時間和家人的諒解，自己也必須承擔越來越多的責任。

憂鬱症讓人感覺身處煉獄。但是我們可以離開這個可怕的地方，回歸生活。如果能找到陷入憂鬱的原因，也就找到了出口的指標。以前不受重視的需求再度得到注意和關懷，就可以穩定許多形式的憂鬱症。我們不能改變過去，但是可以用改變過的心態面對過往遭遇。如果病人感覺到能以自己的力量改變生活，無力感、無助感和自卑感都會消失。

脆弱性：誘發原因和心理障礙之間的時間缺口

為什麼有些人在某個事件之後病得很嚴重，其他人卻能克服類似的嚴重經驗？為什麼一個造成心靈創傷的事件到心靈（而且往往是生理上）障礙開始有明顯跡象時，中間常常有好幾年的時間空檔，有時候甚至幾十年？嚴重憂鬱症的許多誘因發生在童年，很多成年人要到中年才會發病，有時候甚至到老年。這些時間缺口是怎麼來的？

長久以來心理學家一直解不開這個謎題，如今人們又向謎底靠近了一點。如果孩提時遭遇了心靈創傷，身體會有相對的反應：它會啟動壓力軸。還在發育成長的年輕身體中的皮質醇會泛濫。這個年紀分泌過多的皮質醇會影響「樹突」（dendrite）。樹突是長在神經元上像細枝般的突起物，它們很重要，因為能接收刺激，並傳到神經元內部。若是皮質醇太多，它們會長得不好，或是分枝形成太少。

有時候影響到的是某個部位的腦神經細胞，它們要到成年時才會完全發育成熟。所以只有在這個年紀才會顯現它們的功能是否完全正常。眾所皆知早期的負面經驗不僅不利於腦神經細胞，還會具體留下疤痕。這是障礙從成因到形成之間會有一段空檔的一種解釋。

另一種可能解釋是，如果身體在發育階段太常或被太強烈的皮質醇衝擊，皮質醇系統的功能會受到傷害。但是這種不健全的功能常常在之後身體又遭遇巨大或是持續性壓力而必須做出反應時，才會顯現出來。我們可以想像一個在童年受到虐待的人，他熬過了這段時期，長大成人後從事一份工作，而現在正面臨到巨大的工作負擔。

有可能他開始出現憂鬱症狀，因為身體先前已經受過傷害，所以無法處理這麼高的壓力。他不能有效降低皮質醇的功能，或不斷分泌出過多的壓力荷爾蒙，對身體和心靈產生了相對的影響。沒有之前在童年承受的壓力，這個人面對目前的條件可能不會有如此強烈的反應，也不會形成心理障礙。

對於早期過多的恐懼和壓力也有另一種可能反應：身體不是產生太多的皮質醇，而是太少。因為一直必須提供皮質醇的腎上腺終有筋疲力盡的時候，它在龐大的負擔下棄械投降，把皮質醇的產量降到最低，或是根本不生產了。所有依賴正常皮質醇來維持生命的功能會受到干擾。不僅如此，這種狀況也是解釋心靈創傷到發病之間空檔的第二種方法。

一項背景非常特殊的研究讓心理學往前邁進一大步，並舉出讓人印象深刻的證據[42]：他們研究了遭受性侵生還的女性。跟大家的預期不一樣，有些女性身上皮質醇並不高，而是特別低。結果發現這些女性並不是第一次經歷心靈創傷。她們因為較早以前曾經經歷過可怕的事件，所以以前就受過負荷，在經過目前的事件後，有很高機率發展出創傷後壓力症候群。之前沒有過心靈創傷且無負擔的女性，皮質醇比較高，而且也比曾經有過負擔的女性較少會發展出創傷後壓力症候群。

腦科學家對這個現象的理解是：也許由於較早的心靈創傷，反應壓力的皮質醇分泌被調降下來。童年時受到虐待或是忽視，首先會導致皮質醇功能亢進。但是身體會隨著時間逐漸麻木，然後傾向出現皮質醇功能不足。因為太多皮質醇是有毒的，如果皮質醇分泌過多，身體就會抑制它分泌。身體要保護有機體，因此減少了對壓力的反應。

當下雖然對身體有益，但是遭受到下一個心靈創傷或是遇到更大的壓力時，卻容易在以後形成心理障礙。因此研究員研究出一個新療法：在造成心靈創傷的事件（例如車禍）發生的六小時以內，只要給一劑高劑量的氫羥腎上腺皮質素（Hydrocortison），既可以減輕創傷後常常會出現的症狀（倒敘，睡眠障礙，容易受到驚嚇），也會減少形成創傷後壓力症候群的機會。[43]

所以早期的負面經驗決定以後的經驗對我們有什麼具體影響。它讓我們脆弱，容易生病，造成心靈上的傷口。「Trauma」（心靈創傷）的希臘文原意就是「傷口」，很貼切的用字。

心靈創傷和心靈的傷口

這個世界上平均個人壽命約為八十歲。既使極為希望不要遭受心靈創傷，但是在人生在世的時光裡，大部分人幾乎都遭遇過至少一次創傷經驗。根據研究，超過百分之五十的人經歷過一次永生難忘的經驗：失去摯愛的人，成為意外事件、襲擊、性侵或是暴力攻擊、自然或是科技災害的受害者。

基本需求若是受到傷害也會留下創傷。例如被遺棄、父母反覆無常、在充滿言語或身體暴力的環境下成長。對一個人來說，這跟遭遇意外或犯罪行為一樣對生存構成威脅，一樣會留下傷口。

身體和心靈基本上都有能力處理傷口，它們能療癒，或至少減輕生理和心理上的傷痛。不過就像身體上的傷口有時候一直好不了一樣，心靈也有無法痊癒的傷口。

經歷過心靈創傷的人中，大約百分之二十五的人傷口不能癒合，成了慢性傷害。他們發展出一個病兆稱為「創傷後壓力症候群」，簡稱為PTSD。

PTSD有下列症狀：病患幾乎不能或只能片段記得創傷事件的一些重要面向。他們處於高度警戒。可以說，他們一直在等待。心理學家稱之為「過度警覺」(hypervigilance)。

病患的行為特徵範圍很廣：身受注意力不集中之苦，容易激動，發脾氣。易受驚嚇，有入睡問題，而且睡眠斷斷續續。除此之外，很多人從社交活動中隱退，覺得自己渾渾噩噩，或是情感麻木。也盡可能逃避任何會讓他們想起創傷事件的場合。

此外還有很典型的特徵：不由自主產生的想法，做夢或是做惡夢，感受到創傷情況的片段。它們有時候突然平白無故地突擊，有時候是經由「觸發」引起，也就是經由跟創傷事件在某方面雷同的刺激引起。病人的記憶可以非常逼真，讓他以為再次經歷了創傷事件，並帶著所有在創傷中經歷過的驚恐與情緒。

我的一位女病人有一次在一個看起來完全不具危險性的場合中突然發病。一個炎熱的夏日裡，她和朋友一起吃冰，冰融化並流到手上。這個時候她被過去記憶中的畫面擊潰而失去控制。畫面來自童年，她在假期中參加運動社團所舉辦的休閒活動。這段期間她被一個輔導員性侵。這個輔導員強迫她用手來幫他自慰，精液流過她的手上。流過手上的香草冰淇淋所引起的聯想，觸發了當時情景的記憶。

倒敘：熱的記憶，冷的記憶

對於創傷病人這種典型的突擊式回憶，現在已有很詳細的研究：這和受到驚嚇一樣，身體會啟動壓力軸。創傷經驗十分猛烈，使得整個系統的反應超出尋常，失去了控制，所以完全改變了處理一般記憶的方式。

研究記憶是一件相當複雜的工作，但是學者已經找到一條途徑，能真實呈現最關鍵的要點：基本上我們的腦裡可以區分兩種不同的檔案，裡面儲存著記憶：冷的記憶和熱的記憶。我們會把很明確的資訊，如事件地點、時間和過程歸類到冷的記憶中。所有純粹，特別是感覺上和事件相關的東西，例如氣味、聲響、心跳速度和當時感受到的情緒，都會移轉到熱的記憶裡。

當我們回憶某件事情，這兩個系統通常能合作無間。例如想起上次在葡萄牙度假的時候，仍然很清楚知道什麼時候在什麼地方，如果單單回想起悅耳的海浪聲，也會覺得很舒服。絕對沒有人會想到回憶裡正有來自兩個不同範疇的資訊匯流在一起。但是當壓力軸在一個事件中反應激烈時，這種理想的合作關係會瓦解。事情就是這樣。出現了威脅生命的情況，壓力軸的反應要比在一般恐懼下的反應更為激烈。

人類被設計為可以用反抗、逃避和呆滯的反射動作來面對危險。但是我們也有意識。當暴力施加在身上卻又無力對抗時，我們體驗到防禦機制像廢掉一樣。我們任人擺布，軟弱無能。束手無策和無力感之所以特別難受，是因為這種反應根本出乎意料。不能反抗一個事件，基本上表示必須在清醒的意識下眼睜睜看著自己毀滅。

這也是返鄉士兵特別常罹患創傷後壓力症候群的原因：因為他們為了完成任務，壓抑了與生俱來的反抗或逃避的反射動作。沒有別的生物會如此做和如此決定。但是來自上級的命令讓自然的反應失效。

當一個情況威脅到生命時，杏仁核才不管海馬迴有什麼可以讓它安靜下來的消息。杏仁核會完全不受其他結構的限制，反應達到最高激動程度。也可以說，它自行其是，沒有任何東西能讓它安靜下來。這導致我們把事件內容特別強烈地儲存在熱的記憶裡。

即使杏仁核在這個情況下聽海馬迴的話，海馬迴在這段期間也受到大量皮質醇的影響，不能真正做好自己的工作。它現在的工作應該是要儲存與時間和空間相關資訊，但是這項工作也停滯不前。

經歷創傷時會有特別多東西儲存在熱的記憶裡，例如感覺、聲響、想法、情境。卻不能把經歷的時間和地點植入自傳式記憶中，常常也無法掌握經歷的時間順序。因此要受害者回憶或描述情況的正確順序很困難。另一方面，病人經常被痛苦的記憶片段追逐。

這不僅是因為熱的記憶裝滿了畫面和感覺，也因為它比冷的記憶更容易受到刺激。只要一個小小的引信，就能讓整個系統起火燃燒，並馬上把受害者拉進一個可怕的情境中，包括心跳加速、噁心，和曾經經歷過的情緒。

案例：創傷後壓力症候群

情況

病人，五十六歲，已婚，一個女兒（二十五歲）的父親，貿易公司職員。他的精神科主治醫師推薦他來我這，已經診斷出有憂鬱的症狀。大約從三十年前，病人就開始有越來越嚴重的憂鬱階段，六個月前症狀開始明顯增強並擴大。生活沒勁、注意力不集中、高度緊張（有時候表現在嚴重的肌肉痠疼上）、無助感和軟弱無能。

病人用拳頭敲打牆和門，或在散步時踢樹和石頭，用以發洩內心無法忍受的憤怒和緊張。以前他常常打自己，用攻擊行為回應拒絕和批評。他說他的「引信很短」，並將自己的生活描寫為恆久的抗爭和負擔。

他常常苦思冥想，覺得自己沒有希望和前景。自殺的想法也「時強時弱」地困擾了幾十年。他希望能透過治療正面改善生活。跟憂鬱階段無關的是，他還有嚴重的睡眠問題，工作上難以專心和投入。睡眠時間很少超過四小時，而且還常常不能連續睡眠。

除此之外，童年和青少年時期的畫面會在白天（飛入腦中的情境）和夜裡以惡夢形式出現。他在童年和青少年經歷過大量暴力，病人在治療期間出現創傷後壓力症候群。他覺得內心「一方面受到驅使，一方面也好像心死」，有「無來由想哭的衝動」，有時候有嚴重的自卑感和失敗的恐懼。他無法控制憤怒，為了不傷害別人，他打東西也打自己。

他曾經長期酗酒，但是十年前戒了酒，自己斷癮，沒有靠外力幫助。他對於他粗暴的時期感到羞愧，沒有自尊心。總體來說，在社交接觸上沒有自信、膽怯，比較想要逃避這類接觸。他有一條狗，是他的「全部」，可靠的伴侶。他的婚姻只有紙張上的效力。他認為「我不適合伴侶關係」。

病人希望治療能讓他的日常生活穩定並帶來願景，睡眠品質更好，不再做惡夢，比較能夠掌握自己暴戾的脾氣。他現在還無法想像如何改善婚姻。目前他處於分居狀態，他和狗搬出來住。

病人生命歷程和病歷

病人是四個兄弟和兩個姊妹中較大的孩子，在親生父母的身邊長大，生長環境中充滿暴力、恐懼、專斷和無力的氣氛。父親是受尊重的人（經由恐懼帶來的尊重）。頂嘴時病人大都會結結實實被毆打一頓。父親把毒打當成好戲上演。

全家人必須在場；通常所有的孩子（尤其是兄弟）必須跟著看他大發雷霆。不論是用皮帶，棍子或是其他物件，他會把站成一排的兒子痛打一頓。身為長子，病人得到的毆打最多。如果母親想擋在孩子前面保護，她同樣會在孩子面前被丈夫毒打一陣。「殺氣騰騰的怒氣只有在父親筋疲力盡的時候才會停止。」大多數的時間父親酩酊大醉。即使病人或是兄弟們被打得皮開肉綻，父親也不會停手。

暴力隨意發生，沒有原因。病人從來不知道他之前的行為是正確的還是錯誤的。他猜測，他所做的一切都是錯的，受到處罰是「理所當然」。在父親面前，病人始終是無助、畏懼、緊張，覺得自己像個物品而不是人。他死去的母親從來沒能幫上任何一個孩子的忙，當然也幫不了病人。

母親很慈愛溫暖，但是無法堅持自己的意見，也沒辦法跟孩子一起逃走。病人跟兄弟姊妹的關係一直很好。剛成年時，病人曾積極與父親抗衡，為了向父親表示他已經夠強壯，父親不能讓他低頭。從那時起，病人本身開始使用越來越多暴力，以攻擊性手段來擋開爭端和別人對他的貶抑。十七歲時他離開了家。成年後，兄弟姊妹間不再提起童年。

他在女兒出生以前大量酗酒和濫用藥物。之後杜絕惡習，但是症狀轉移到賭博上，逐漸在婚姻關係裡引起衝突。所以他花較多的時間在工作上。同事們很重視他的投入，但是他不相信他的努力真的足夠。憂鬱症的第一個跡象是筋疲力盡，擔心失敗和過度不安是在分居後才出現。

社會情況

病人和他的狗一起住在租來的房子。跟妻子分居的原因是妻子與岳父之間的衝突事件。岳父對妻子喊叫並向她走了過去，病人火冒三丈並掐了岳父的脖子。

病人提出治療申請時的心理診斷結果

病人在與人接觸時沒有安全感，避免眼神接觸，特別緊張。雙手交叉，指節是白色的。可以直接感受到病人有明顯的負面情緒和痛苦壓力，態度也明顯低聲下氣。

他敘述自己情緒極端不穩、悲傷，失去快樂的能力也看不到前景，有罪惡感和羞愧感，沒有衝勁。睡眠出現嚴重問題，每天一大早就醒了。病人恐懼未來的生存沒有保障，恐懼遭受損失並有自卑感的問題。具有思考形式障礙：反芻思考的傾向。沒有思考內容障礙和精神病徵候。一般來說過度警覺，倒敘會引起不能控制的發怒。自殺傾向：有自殺的想法，但是能讓人相信他不會付諸行動。在互動行為裡有膽怯逃避的傾向。有使用毒品的病歷：早先對酒精和藥物上癮，賭癮。幾年來已經戒癮。

行為分析／發生條件

父親對病人不斷施以身體和言語上的暴力和貶抑，加上母親無法保護他，導致病人的心靈創傷複雜，並發展出不穩定的自我形象，對依附關係有強烈的不安全感，還有不良的學習榜樣。在發育期間遭受專橫對待，對安全感、掌控、依附關係和自我價值感的需求也得不到滿足，這所有一切導致病人的心靈不斷在為生存奮戰。

主要是對父母的矛盾感情讓病人不知所措。在缺乏適當的學習榜樣下，病人沒能發展出自我反省和批判的方法，以及控制情緒的能力。從學習歷程上來看，病人沒有學習到感知自己的需求、界線和情感激動。他自己衝動的行為以及對酒精、藥物和賭博的依賴，很早就得到負面強化，並表現出一連串不適當的應對策略。

許多不同的壓力來源造成病人的負擔過重：婚姻裡衝突加劇，職場上工作過重。加上人際互動帶給他無數挑戰，因為他有明顯膽怯逃避和沒自信的人格結構，所以負擔常常超過他的極限。緊繃的程度提高，無助感增強，而且他也不相信自己能改善什麼，這一切加在一起，首次的憂鬱症跡象和跟岳父起衝突的危險狀況，終於讓他有了無法調節的憂鬱症。

診斷

創傷後壓力症候群，復發性憂鬱症（現在是嚴重時期），非器質性失眠，有受虐兒童的問題。

除了童年心靈創傷帶給病人所有的悲慘影響之外，還有一件很典型的事：病人是因為憂鬱症接受治療，而不是因為根本的原因：創傷後壓力症候群。這很常見。創傷後壓力症候群就像是培育「共病症」的肥沃土地。共病症指的是附加在原本障礙上，或是受到原始障礙促成的障礙。不過共病症對創傷後壓力症候群比較屬於常態，而不是例外。最常和它做伴的有：恐懼症、憂鬱症、身心症，也就是生理上的障礙和上癮症狀。

儘管這個病人的案例看起來很嚴重，沒什麼希望。但是透過行為治療和一個特別的心靈創傷治療，病人又可以過他以前不敢想像的生活。

創傷後悲憤症候群

悲憤的人難以和解，他們的憤怒難以平息；他們把惱怒藏在心底，直到報復以後才會放下。因為報復能平息內心的惱怒，它用滿足的感覺取代了痛苦的感覺。如果沒有報復，壓力會繼續存在……這樣的人對自己和最親近朋友都是最重的負擔。

——亞里斯多德

柏林的心理治療師米夏爾・林登（Michael Linden）一九九〇年代末期在柏林附近的湖光山莊康復醫院（Rehaklinik Seehof）不斷遇到相同症狀的病人，但是這些症狀又無法歸納到一般的障礙分類中。這些病人的一個共同點是，他們的心理障礙總是在一個可以清楚確認的事件之後開始。林登看到的病人通常幾十年來過著完全正常的生活，但是在一個特定引發點之後，可以說在幾分鐘內就出現了持續性的心理重症。有些人因此好多年沒有工作能力。

這樣的反應一般來說特別會出現在創傷後壓力症候群裡，但是病人描述的引發事件通常沒有典型心理創傷所具有的普遍特點和嚴重程度。這些事件會造成心理負擔，但又不像性侵、戰爭或是搶劫一樣那麼劇烈，反而是大部分人一生中都會面對的情況：炒魷魚、關係問題、分手、霸凌或是人際間的衝突。病人們指出的共同點是，他們認為這些生活上的經歷特別不公平或是不正義，而這樣的情況讓他們很痛苦。他們的心情惡劣沮喪，惱怒和無助。此外還顯現出一個很特殊的情感，可以稱之為「悲憤」。一種獨特的怨恨和沮喪。雖然也有其他類似抑鬱或恐懼的症狀，但是林登描述，這些情緒有另一種「情緒品質」。

因此他把這個現象定義為一種新的獨立障礙：創傷後悲憤症候群。[44]也有許多學者研究這個主題。有些作者把這種障礙描寫成社會不公平的後果，有些人視為對長期失業的反應。症狀看起來尤其像是不能克服的屈辱，共同點在於，公平正義的觀點特別影響了障礙形成。創傷後悲憤症候群一直跟不公平、不正義和被蔑視的痛楚連在一起。幾乎所有病人都覺得無緣無故受到不合理對待。

寇哈斯和悲憤症候群

心理學才開始要研究這個主題，文學卻比心理學早了幾世紀。屈辱、忿忿不平和不公平是很流行的通俗文學主題。文學裡憤世嫉俗的典型是米迦勒．寇哈斯（Michael Kohlhaas），克萊斯特（Heinrich von Kleist）一五三二年同名小說裡的主角。馬商寇哈斯遭遇了一件極不公平之事：一位領地君主非法扣留他的兩匹馬。由於正義感，他決定動用私刑討伐領主，也衍生出後來不公平的事，最後以寇哈斯的死刑結束。

談到創傷後悲憤，人們喜歡引用寇哈斯，因為對他的描寫幾乎像是臨床精確的觀察，而他的症狀有非常典型的順序：病人不只覺得自己受到不平等待遇，也有迫切的願望和期待能彌補不公平。這個障礙或病人的想法中，常會出現報仇或是想反擊的感覺。

雖然病人的想法常在這上面打轉，但是大都不會直接表達出來。他們知道社會不接受報仇和復仇的想法，這是不道德的，也受宗教的唾棄。他們常常傾向於表達出較溫和的想法，認為肇事者自己也應該有類似不好的遭遇。報仇的想法可以讓他們的心情暫時變好。但是想法也可能會變強烈，以至於常常產生傷害或殺害肇事人的幻想。有時候甚至會付諸實現。

病人也常常反芻思考造成不公平的事件。所以一位作者說，這個障礙有明顯的「怪癖」。[45]這麼說並沒有建設性，因為會讓狀態變得更穩固。

每一個曾經想要好好報復另一個人的都知道：目標最好瞄準在那個人特別喜愛的東西上，這樣才能給他致命一擊。

受到下列方式影響的人會被認定為悲憤症候群：某個人動搖了他們的「基本信念」（basic beliefs），這是林登的說法，意指一個人的核心基本思想和價值。我們每個人都有或強或弱的「基本信念」。例如「神愛世人」、「婚姻天長地久」或「自作自受」，較普世的信念常常是「相信世界是公平的」。公平世界信仰是假設人們普遍期待世界上一切基本上是公平的。

如果某人為了獲得某樣東西特別努力地付出，可能每個人都會認為他得到努力以求的東西很公平。如果某人騙取某樣東西或是沒有努力付出，他失敗了也不用為他驚訝。正由於外界反對「不正當」獲取，導致大家的反感和憤怒。但是嫉妒也會參一腳，因為他自己做不出這樣的行為。身體系統中因此生成了好幾種不和諧情況。這種壓力常常會以濫用暴力和動用私刑發洩。

正義是我們喜歡的戲劇和電影主題。一部電影的結局應該要公正，每個罪犯都要被繩之以法，因此我們跟著一起緊張，即使劇情是虛構的。對於不公不正的感受似乎是人類根深柢固的一種機制。感受之所以如此強烈，可能是因為它跟我們對掌控的基本需求連結在一起。有時候我們期待權責機關如警察或是國家滿足我們對掌控的需求：「國家會維持正義。」很多人想要這麼相信。一個人如此的信念和價值觀越是僵化，一旦他發現其中的信念並無有效性，他會覺得失望，受到的打擊也就越大。

林登認為悲憤症候群在一九九〇年代出現，特別常出現在柏林一帶，這並不是偶然。有幾個病人是「東德轉型的受害者」。柏林圍牆倒塌讓許多人的生涯規劃被打上一個大問號，他們必須在短時間內應付工作、社會、家庭和道德上的巨變。不是每個人都能辨得到。政治體系雖然約束了人民，但是從某個形式上來說也很可靠，它提供了安全和一種形式的保護：「政府會有所安排。」

現今在社交媒體和論壇中可以讀到仇恨帖子以及對政治人物的謾罵，裡面表現出很多人的憤憤不平和委屈，因為他們覺得政府置他們於不顧。想要反擊的情緒會蔓延開來，並會用抗議和成立新政黨來實現他們的不滿，讓已有基礎的政黨好看。

悲憤症候群是持續的，這表示它很頑固而且很難治療。林登說，過程通常是慢性，不會在六個月或兩年後就結束。病人的憤怒會持續很長的時間，就如同亞里斯多德描寫的一樣。上面亞里斯多德的引文來自他的《尼各馬可倫理學》。這部著作的目的是指引人們學做好人並幸福地過生活，所以克服悲憤的方法也出現在這部兩千年前的著作裡：想要克服，只有當人們成功地「消化了內心的激動，而這需要時間。」或接受有效的行為治療。

工作倦怠

想一下你的親朋好友，有多少你認識的人公開承認自己有憂鬱症？又有多少人患有「工作倦怠」？也許你認識有工作倦怠傾向的人比憂鬱的人多。裡面可能隱藏著一點欺騙。很多人仍然覺得憂鬱症難以啟口，但是為了解釋為什麼生病或是請了一段長假，卻寧願說自己有工作倦怠。社會能接受這個症狀，因為患者在工作上付出很多。有些人甚至把這個診斷當成勳章一樣掛在口邊：「你看，我為公司付出多少血汗。」聽起來比「我躺在地上動也不能動」要好多了。

工作倦怠進展到後期也會出現這樣的情形。從某個嚴重程度開始，就幾乎無法區分憂鬱症與工作倦怠。有時候障礙會從一個演變成另一個，因為倦怠症會先替憂鬱症鋪路。但是在發展到那個地步前，它們的病兆不同，應該受到不同的對待和治療。

工作倦怠通常會關聯到現今職場上的要求。但最重要的是，仔細觀察一個人是用什麼態度來面對職場的要求。

許多患有工作倦怠的人有「全力一搏」的傾向，這跟玩撲克牌時把所有賭注（可能是房子和土地）一次押上一樣。有些人就是這樣使用他的資源：為了達到一個目標，忽視了可以負擔的界限。而許多公司很歡迎這樣的態度，常常在雇人的時候會要求或是傳達一個訊息：「我們這裡工作的人都全力以赴！工作時奮力工作，慶祝時奮力慶祝。」雇主很少會主動建立健康的整體條件，例如宣告「每個人要留意自己的限度。工作分量要在自己感到舒服的範圍內，如果需要休息一段時間，沒問題，及早告知就可以了。」這樣的老闆極為罕見。人們樂於見到工作者付出的心力超過工作所需，公司也會因此給予獎勵。如果拆開這個過度的企圖心，會發現這麼多好勝心背後常常有很悲哀的動機。許多病人的基本假設大概是：「如果我偷懶，就不會受歡迎。」「如果我不盡全力，我就一文不值。」或是「如果我不投入，我什麼都賺不到。」（從金錢的角度或是引申的意義上來看）。這樣的基本假設是由受損的基本需求所造成的，工作和成就往往成了修補受損自我價值感的工具。

問題是，這樣是行不通的。大量工作並不會自動造成工作倦怠，只有當我們單獨用大量工作來滿足需求的缺憾時才會。這樣背景下產生的效果，只不過會讓自己暫時度過難關。我們非常成功地完成了一項計畫，工作的特殊表現因此受到讚揚。但是我們尤其想要自己獲得肯定（如果自我價值感的需求還是沒有得到滿足）。獲得肯定的效果不會持久，因為它只是個暫時的補償，不是我們真正需要的。所以我們被迫不斷製造新的效果，只為了再次享受短暫的快樂。長遠來看，這樣並不能鞏固自我價值，反而可能會在中途一蹶不振。

工作倦怠的進程會越來越強化。一開始進展緩慢，然後速度越來越快。如果病人及早治療，常常還能有效控制，但是這種情形還不曾遇到過。病人來找我的時候，倦怠症狀大都已經很嚴重。病人在精神、生理、心理三方面都筋疲力盡。他們極度疲憊，儘管如此，卻常常無法入睡。他們情緒低落、易怒、肌肉關節疼痛、頭痛、背痛、注意力不集中和記憶困難。有些人體驗到「失自我感」（Depersonalisation），這是一種病人覺得自己沒有生命或是不真實的狀態。

他們難以接受自己的工作能力不如預期，所以很多人很晚才尋求協助。如果背後藏著自我價值感的問題，那就會出現一個螺旋循環：病人在內心裡罵自己是魯蛇。即使問題在工作崗位上出現，他們很難把自己和工作崗位分開。尤其是那些過度把自己和工作綁在一起的人，公司經常成了家的替代品，而現在這個家卻棄他們不顧。

常常在急性倦怠期會發生正好相反的事：病人開始跟工作、雇主、顧客和同事保持距離，並用諷刺的態度貶抑他們。如果你又聽到一位同事發牢騷，他很有可能並不是一個愛發牢騷的人，而是他內心就要崩潰的前兆。

上癮

為了生存下去，我們需要他人。大自然怕我們忘了，所以讓我們互相依賴，不僅是字面上的意義，而是用很具體的成癮性藥物內源性類鴉片。它是世界上最純、最有效的毒品。每當我們跟別人在一起的時候，身體就會給我們一劑內源性類鴉片。人與人的接觸越親近越美好，產生的毒品就會越多。當我們躺在某個人的臂彎裡，會覺得舒服有安全感，但安全感不是這麼簡單就得到的，而是因為我們用了毒品。當那個人離開，我們就在戒癮。

內源性類鴉片能調控幾乎所有的人際關係，而且是從生命一開始：早在嬰兒時期，當餵奶或是緊緊依偎在母親身邊的時候，身體就會釋出內源性類鴉片。孩子大一點，不小心跌倒，媽媽在一旁吹氣；不是吹氣有幫助，而是媽媽在身旁給了孩子一劑腦內啡。另一個人親近，好像讓我們的疼痛舒緩了。受到像媽媽一樣的照顧與愛，體內自身毒品傳達出來的訊息是：「一切都沒問題，你很安全，可以放鬆。」

生病時，人們互相探訪。悲傷時，大家聚在一起。心情不好的時候，希望被人擁在懷裡。這是非常強烈的生物衝動。當我們感受到威脅、痛苦、徬徨或絕望，會迫切地尋求幫助。孩子會很直覺地求助。如果沒有人來，沒有人聽見我們的聲音，也許從來不曾真的有人在那裡，那我們就完了。

在成癮研究中有一個理論，認為癮就從這一點開始：一個人站在一個無解的衝突前面，也許因為他經歷了一些心靈創傷，或極度渴望別人的關懷，但是沒有人可以幫助他舒緩痛苦。[46]有時候問題也在於我們不敢向人請求支持與幫助。我們壓抑自然的衝動，因為基本信念阻止我們這麼做。我們不想被視為軟弱或需要幫助，寧願戴上面具故作堅強，讓自己孤獨地面對痛苦。

有時候事情非常恐怖，不敢在別人面前說出來。有時候也是因為沒人在身旁可以聆聽和安慰。這常常是問題所在。但是人還是想幫助自己擺脫沉重的情緒。

往往是出於偶然或是在觀察別人的時候，會發現一些有幫助的東西。這世界畢竟有豐富的選擇：毒品、酒精、藥物、食物，也有行為方式如挨餓、運動、電玩、賭博、工作、盲目的購買行為或是性冒險。

讓人上癮的東西會成為「關係人的替代品」。使用前會出現欣喜激動，使用後會有一段短暫的放鬆，這種狀態也可以透過與關係人的情感經驗獲得。但是透過替代品得到的滿足，絕對不會跟原本想要與需要的東西所帶來的滿足一樣完整。就像美國醫生文森・費利堤（Vincent Felitti）所述：「想獲得足夠能發揮效用的東西很困難。」如果某樣東西的功能只能差不多媲擬我們真正需要之物，我們對它的需求就永遠都不夠。[47]

重點在於自己能確認本身行為可以發揮效能，即使只是短時間。自我效能是對抗無力感的良藥。很不巧的是，我們人類善於製造替代品。無論如何，伏隔核（Nucleus accumbens）覺得是如此。這個大腦部分很靠近杏仁核，積極參與學習各種情況，一直能記得很清楚哪些行為方式能帶來愉悅，並降低不舒服的感覺。

除此之外，它也清楚知道我們現在有多麼匱乏，為了滿足匱乏的心靈而在過去對某件事做了什麼評價。從所有這些資訊中，伏隔核做出走走停停的決定。它會鼓勵我們去做某件事，或是不做某件事。如果我們因為做了某件事得到正面評價，並且因此得到很多多巴胺為獎勵，那伏隔核下次很有可能會下達「做」的決定。

例如看到一種食物時，我們曾經覺得它非常可口，所以給予正面評價。這同樣也會發生在性行為和運動上，也會透過吃的對立面「飢餓」產生。然而飢餓的反應不一樣：身體不會獎勵飢餓。飢餓其實是要鼓勵身體出發去找些可食用的食物來吃。如果人類肚子餓，只有在一開始的時候會無力地躺在角落。大約三天後就會出現相反情況，在禁食醫院的病人會很熱切地期待所謂的「禁食高潮」。這個高潮後面不是意味著禁食會獲得獎勵，或是身體很高興終於卸下食物的重擔，而是它會分泌額外分量的刺激性神經傳導物質，讓我們跑出去尋找食物送進嘴裡。我們在動物身上同樣可以觀察到類似的不安：肚子餓的狗不會躺下，牠會開始不安地來回晃蕩。

史金納箱實驗

說到動物，他們也有伏隔核，而且人類首次發現多巴胺的作用就是在動物身上發現的。雖然是偶然的發現，後果卻很深遠，至今仍影響我們對上癮的看法。這個實驗源自一九五四年。來自加州技術學院的美國學者詹姆士・奧爾茲（James Olds）和彼得・米爾納（Peter Milner）當時研究實驗室老鼠的行為。他們想要得知老鼠的學習行為。為此，他們將電極植入老鼠的腦中，按下按鍵會產生輕微的電流。他們不小心把一隻老鼠身上的電極裝在錯誤區域，然後發生了讓人驚訝的事：老鼠一直回到牠得到刺激的地方。電擊似乎產生了正面刺激，而老鼠明顯希望能得到更多刺激。

奧爾茲和米爾納重複這個實驗：他們把實驗老鼠放進所謂的「史金納箱」（Skinner Box），這是一個特殊的箱子，裡面大部分是空的，研究者常用來做囓齒動物實驗。他們在箱子裡加上一個操縱桿，老鼠可以自己操縱。如果老鼠按下操縱桿，牠們會透過植入的電極給自己一個電擊，並提高多巴胺的分泌。老鼠在二至五分鐘後學會了這套機制，從這個時間開始，牠們每五秒鐘給自己一個刺激。刺激效果強到不久後有幾隻老鼠不支倒地，因為牠們寧願按「快樂桿」也不吃或不喝。

除了在頭部裝置電極外，一個強勁快速提高多巴胺的方法是施打毒品。幾乎所有毒品都會導致多巴胺分泌。安非他命和古柯鹼以及鴉片製劑海洛因和鴉片的效果特別強勁，尼古丁和大麻也會讓身體分泌多巴胺，酒精會讓伏隔核的多巴胺上升。

世上有很多種毒品，也有很多動機讓人去吸食毒品。有些人用喝酒卸下心房或是壓抑一些事情，有些人用古柯鹼得到興奮的能量，又有一些人用引發幻覺的毒品來拓展意識。無論出於什麼原因，只要獎勵系統喜愛這個物質，我們就會一直得到「向前走！」的命令。這是它的工作。

滿足樂趣和避免反感的基本需求注定讓我們去追求充滿樂趣的東西，雖然有時候做的並不是心裡想要的。樂趣和避免反感的需求是特別為了生存而存在，讓我們去攝取能接受的食物、避免疼痛和傷害，並帶著興味發現世界。但是我們發明了強勁的毒品、酒精、超市裡滿滿五排的甜點來取悅獎勵系統，這不在原先的計畫之列。我們的社會經常需要他人，我們也沒料想到為何需要的人會不在身邊，或是不能給予協助。

這很致命。一方面因為渴求讓我們與別人綁在一起，另一方面我們又得常常靠自己，面前還有多到不可置信的替代品。只要一不小心，追求樂趣會成為生活的準則。而我們不得不小心，因為一直向樂趣低頭，保證最後會以不快樂收場。

如果以一項需求為代價以滿足另一項需求，我們**不會**得到個人主觀的幸福。如果一個人想滿足依附關係的需求，但只是一直吃個不停，他只會變得更胖而不會有其他收穫。他對依附關係的需求不會因此得到滿足，對掌控的需求卻額外受到打擊。想要用毒品或是奢侈的享受品來滿足基本需求，長期來看會徒勞無功。沒有一個毒品上癮的人是快樂的。所有的癮到了某個時候不再是享樂，而是「慾望」，對上癮物的絕對慾望，這個慾望自己獨立出來，並且失去控制肆意妄為。這個慾望會變成強迫性，並且從追求樂趣的願望中分離出來。這是流行的理論，但是還有另一種理論。

一九七〇年代晚期，加拿大的心理學家布魯斯・亞歷山大（Bruce K. Alexander）也對上癮的研究感興趣，當然他也知道老鼠的實驗，這些老鼠刺激自己分泌多巴胺直到不支倒地。但是有樣東西引起亞歷山大的注意：實驗中的老鼠被隔離在一個狹窄的金屬籠中，所謂的史金納箱就是這樣。但是亞歷山大有一個假設，毒品本身並不會引起對鴉片制劑上癮。前述的實驗只能確定，徹底絕望的動物跟徹底絕望的人類一樣，如果可能，他們會用藥物來解決絕望的情況。

亞歷山大做了點很瘋狂的事來檢驗他的假設。他蓋了所謂的老鼠公園，一個給嚙齒動物的迪士尼樂園。這個設施有八點八平方公尺，是標準實驗室籠子的兩百倍。這裡的老鼠有朋友相伴，共有十六到二十隻兩種性別的老鼠住在這個聚居地裡。除此之外，公園裡的條件很友善：食物滿坑滿谷，還有球和輪子可供玩耍，有足夠的交配空間，或是可以避開鼠群的角落。亞歷山大甚至給牆畫上風景。老鼠應該過著美好的生活，為什麼不呢？

老鼠公園的生活對居民來說似乎很舒適。牠們可以視個人需求玩耍、進食、做愛或是藏起來。這裡沒有人用毒品，一次也沒有，即使放在那裡的老鼠原本都是毒蟲。因為亞歷山大的團隊在實驗之前，連續五十七天強迫老鼠攝取嗎啡。根據一般的看法，牠們應該完全「嗨翻天了」。

在老鼠公園裡有加了嗎啡的自來水和純粹的自來水可以選擇，牠們大部分都選擇水管裡流出來的自然水。亞歷山大寫道：「我們實驗的所有東西裡面，沒有一樣能讓養在差不多正常環境的老鼠上癮。」[48]但是養在單一籠子裡的控制組結果不一樣：牠們食用的嗎啡多出二十倍，而且所有的老鼠都有上癮的徵兆。所有隔離的老鼠經常食用過量嗎啡，但是在老鼠公園裡卻沒有一隻老鼠這麼做。

如果不是毒品本身讓我們上癮，而是生活環境呢？亞歷山大堅信正是這樣。但是他那時候並不能真正讓他的理論得到普遍認同，他的研究結果不受重視，他自己也很氣餒。

而在那時，美國喊出要「向毒品宣戰」。根據這項嚴厲的毒品政策，吸毒者被當成罪犯，會被逮捕和受懲罰。這種對毒癮的看法一直影響至今，並且在「毒品讓人上癮」和「毒品成癮的人意志力薄弱，沒有尊嚴，不值得尊重」之間搖擺。

直到前不久，人們才又重拾起亞歷山大的理論並認真看待。他的實驗受到幾千次的實證支持：醫院裡每天有很多人在開刀過後或是有嚴重疼痛時得到鴉片制劑緩解疼痛。這是人們所能得到最好最純的藥物，比在黑暗角落裡買的要好得多。但是幾乎很少人在離開醫院後必須去戒毒，或是淪落為火車站的毒蟲。事實看起來是這樣的，人若是心理堅強，有足夠的社會接觸並生活在穩定的環境裡，他既不會用毒品來彌補空虛的心靈，也不會上癮。

學者如彼得．寇恩（Peter Cohen）教授建議，不要稱上癮為上癮，而是按照它的本質稱為「依附」，因為這才符合真實情況。當我們不能跟他人產生聯繫，就會依附在替代品上。上癮的人尋找依附關係，尋找家的溫暖，安全感。他們想要減輕自己的傷痛，撫平不好的記憶。他們想得到一種感覺，對他們輕聲細語地說：「一切都很好。你很安全。」他們沒有這種感覺，因為別人無法給予。

有越來越多人致力於讓大眾接受上癮的新看法，並明白指出哪些措施對上癮無益：懲罰、罪名化、迫害、排斥和鄙視。幫助上癮者重新與人發展關係反而比較有意義。基本上社會應該先改變，讓人們不再感覺自己住在隔離開的籠子裡。如果一個人的基本需求得不到滿足——特別是依附需求，或是有心靈創傷，上癮的可能性也會提高，這點在今天已經得到證實。

許多專家認為，將吸毒者視為罪犯是在處罰想要幫助自己的吸毒者（即使他的努力不恰當）。

幾乎所有的人都喝酒，但不是每個人都會上癮。那些上癮又想戒癮的人，可以在匿名戒酒會這樣的自救組織中戒酒。他們的工作非常成功，他們採取小組制不是沒有原因的。這個方法的基本原則就是：重點放在人與人之間的依附關係上。

第4章

身心醫學

——心靈如何從身體消失

歡迎來到現代

過去曾經有過一段時間，身體沒有被賦予特別高的價值。它被認為是短暫的酒囊飯袋，是心靈在塵世間的容器。在那段時期，人們相信心靈有更高的價值：它有神性，而且永生不死，必須受到保護和重視。心靈有過一段黃金時期，那時期是中世紀，心靈的重要性從未如此受珍視過。

然後進入了現代。

這個時期不是平白無故也被稱為「新時代」，因為真的有很多「新」發現。各類科學如物理學、化學、幾何學、解剖學和顯微術蓬勃發展，人類更具體、更仔細地觀察自己和大自然。人們收集新的認知，加以系統化與分類。舊有的觀察被重新檢驗。科學家之間燃起一種需求，想要重新詮釋和整理這個生氣勃勃世界、人類身體和疾病的運行方式，因為從現代人的角度來看有時候有些奇特。

例如有段時間很重視機械模型：有理論主張，世界是一個巨大的鐘，而人類是一種液壓式機器。血液循環的運作被歸因為流體動力學，心臟等同一個機械式幫浦，手臂和雙腳則被拿來跟槓桿相比較。「物理醫學」（Iatrophysics, iatros 是希臘文醫生的意思）在那時備受尊崇，它的觀點是用身體各部位的生理和機械特性來解釋疾病的原因。

但是這個觀點卻遇上一個問題：如果身體有完美的機械性，可測量並有功能，那我們又該如何處理心靈呢？所有的感覺、思想、反應也都在那裡。但是在身體是機械的情況下，心靈顯得比任何時候都奇特，更不能控制且更不真實。心靈不能測量，不能研究，不能確定位置。現代病理學之父魯道夫・菲爾紹（Rudolf Virchow）曾開玩笑說：「我解剖過那麼多的屍體，卻從未找到靈魂。」[49]

我們可以說，心靈在這個時期與身體相較之下，聲望明顯低落很多。也可以說，直到今天心靈還是需要努力以重獲一點聲望和重要性。面對一個有形、被視為神奇機器的身體，一個捉摸不透和理論上的東西又算什麼？即使機械模型當時對很多傑出學者來說過於簡化，但還是產生了難以置信且長遠的影響，因為它對現代醫學的發展具有關鍵性貢獻。如今衛生醫療體系的建立還是和老觀念有許多關係。

它界定了醫生的權責範圍：醫生必須對病人的身體健康負責。因為心靈被視為跟身體不同，所以被排除在醫學之外。幾世紀以來，人類一直為身心問題煩惱。但是這個問題之所以會出現，主要是人們自己製造的。

情緒：「我看到你的感覺」

有人覺得現代大思想家在這裡有點受到不公平待遇，但他已經在舉證：身心是一體的。

沒有一種情緒可以不經由身體表達。情緒寫在我們的態度和臉上，全世界的人可以透過表情直覺地辨認出別人的感覺：快樂的人微笑，受驚嚇的人因恐懼而表情呆滯，生氣的人憤怒全寫在臉上，悲傷的人萎靡不振，或是因悲傷而衰老。

現在人際間的交流十分熱絡，但是沒有觀察彼此的機會。那他們用什麼方法互相了解呢？傳送表情符號。螢幕上黃色的臉代替了咧嘴笑、發脾氣、眨眼睛。它們伸舌頭，送飛吻，或者翻白眼。

我們的身體是情緒的表現，而且保證不只侷限在臉上。每個人都知道也都能感覺到，例如「有什麼哽在心裡」，「這讓人反胃」或者「考前緊張得想上廁所」。無論如何，身體和心靈的分界上成長出一種工業和供應系統，但是經常出錯：我們有照顧身體的醫生和照顧心靈的醫生，兩者都會遇到各自的極限。

有件事天天在上演：每天在家庭醫學科候診室裡等待的德國病人中，百分之二十到四十是白坐在那裡。因為他們的問題不是出在身體，而是心靈。身體只是提供了舞台，讓心靈疾病在那裡演出。

有超過三分之一的國民在一生中會罹患一次心理疾病。但是他們大多數人首先不是得到心理醫生，神經科醫生或是心理治療師診治，而是家庭醫生，有時候甚至讓家醫治療多年，因為病人通常會先向他們諮詢。

然後常常會出現所謂的「厚病歷檔案症狀」或是「走換醫生」。因為一位醫生不能找到疾病的明確原因，但是仍然想幫忙，所以把病人繼續送到下一位專門醫生那裡，或是送去做下一個檢查。有時候要過了好幾年，直到病人終於找到真正能幫他的人：一個心理治療師或是身心醫學專科。

對某些人來說這還不是解脫。長年在醫生診間流浪漂泊，這些病人現在瘋了。幾世紀以來將身體與心靈分開造成的刻板印象，至今仍影響著我們。

不是沒有人企圖改正這個印象。佛洛伊德早已注意到身體和心靈的交互作用，許多二十世紀的醫生敞開心胸接受整體的觀察，已經朝心靈走近了一點，因為人們不再將它阻擋在門外。

期間有一陣子的情況有點驚險。幾年前身心醫學裡有一個趨勢，就是賦予疾病高度的象徵特性。人們在疾病和症狀中尋找器官表達出來的受壓抑心靈困境與願望。這個趨勢有點變本加厲，把子宮頸癌解釋成下意識想成為母親的願望，把頭暈當成病人的世界也許轉太快的跡象，或者把癌症當成「沒有真正活過」[50]的結果。有的醫生在這個領域搞得太過火，以至於被吊銷執照。

如今身體和心靈二元論產生了一個新的、更理性且更有理論基礎的認識。每個醫生和心理學家現在都很清楚，身體有疾病的人可能心理也有疾病，而心理有疾病的人生理可能也有疾病。

漸漸地，身體和心靈又合而為一，這也要歸功於科學研究不斷帶來新知，有時候科學界看到情緒的影響力，也會不得不驚訝地揉揉眼睛。我們幾乎可以說，這個時代是心靈的時代，因為事實和人們認為理所當然的事又要再度接受考驗。新的研究結果強迫我們必須轉變想法。事實越來越明顯，很多疾病的後面隱藏著比想像中還要多的心靈因素，但不是象徵性因素，而是非常具體的因素。

基本上來說，這不是一個新發現，而是一個再發現。如果人們願意，心靈在醫學上又重新得到希臘哲學家柏拉圖在西元前三百九十年就已經賦予的地位：「治療疾病時的最大錯誤就是有治療身體的醫生和治療心靈的醫生，兩者不可以分開。」

目前人們越來越把焦點集中在心靈上，把它當成長久以來認定為「文明病」的原因。但是，心靈看起來在心臟病、糖尿病和免疫系統疾病上扮演的角色要比人想像得還要重。

如果仔細觀察身體和心靈的合作，這並不令人驚訝。

身體和心靈：向來合作無間的團隊

我們的腦不斷接收來自內部臟器的訊號。頭看起來也許離肝臟、脾臟或腸子有點遠，但這是錯覺。腦一直對身體內部所有正在發生的事瞭若指掌。每一個最細微的波動，每一次心跳和目前的心跳節奏都被記錄下來。腦知道消化系統的化學情況，免疫系統也不斷傳來最新消息，向它報告誰或是什麼正在身體裡活蹦亂跳，是否屬於正常狀況，或是應該採取一些措施。如果某樣東西不合適，或者必須被修補，心靈就會對身體的消息做出反應，並改變我們的行為來適應：我們取消約會，因為我們覺得不舒服。有時候早點上床，或是覺得需要調慢生活節奏。如果身體裡有什麼不對勁，心靈會成為身體的夥伴，在能力範圍所及之處幫助它。注意傾聽訊號會很有幫助。

反向的合作關係同樣協調得很仔細：沒有其他機制能像前面談過的壓力軸更容易看到身心的團隊合作。它從頭貫穿整個身體，基本上來說，它就是心靈在身體上的執行裝置。恐懼和壓力是心靈引發的情緒，而身體用反應來執行和回應。我們的心靈不斷刺激器官，跟每一個器官都有個別的關係，但是跟一個器官的關係特別親密：心臟。

心理心臟病學中的心靈相契

日本傳統捕捉章魚的陷阱叫做「章魚壺」（Takotsubo）。基本上看起來像一個傳統的花瓶：一種陶製容器，下面有寬大的腹部，上面有細頸。對想吃大餐的人來說是好東西，對好奇把頭伸進去卻出不來的章魚是最糟糕的情況。

在這裡提到它的原因是：一九九〇年代初期一家日本醫院的心臟專家檢查一個女病人的胸腔時，發現病人的心臟沒有一般心臟的形狀，而是章魚壺的形狀：心肌像氣球一樣被吹起來，血液流不出去。

病人被送進醫院是原本被診斷出有心肌梗塞。至少她出現了典型症狀：呼吸困難、胸口悶、心跳過速、劇烈疼痛。從外表來看事態非常明顯。但是當醫生想用超音波和心導管來確定診斷時，原本清楚的病例一下子變成大謎題。醫生發現病人心臟的冠狀動脈完全沒有阻塞。如果這位女士有心肌梗塞，會有一條或多條血管是阻塞的或至少很狹窄。醫生看到的卻是心臟尖端不尋常的擴大。為什麼會出現這種情況？

眾所皆知，談話有助於解決問題。事後醫生詢問病人後發現，她在發病前經歷了個人很重大的損失。於是醫生思索：心理壓力可以對病人的心臟有如此大的影響，讓心臟都變形了？他們當時把這個病例描述為「章魚壺心肌症」（Takotsubo Cardiomyopathy），不久後顯示，這個故事並不是特例。如今章魚壺心肌症已經被研究透徹，也以另一個較浪漫的名字聞名：心碎症候群（Broken Heart Syndrome）。

文學長久以來都在處理人與悲劇，現在也有很多醫生明白箇中道理。過去幾年越來越常診斷出這個病症。根據統計，所有心肌梗塞的病人當中，有百分之二的病因是章魚壺心肌症。犯案者（又）是壓力荷爾蒙。可能由於長時期高負擔的工作引起，也有可能是個人遭遇巨變之後所經歷到的心理壓力引起，例如親友死亡或是與配偶離婚等。結果發現左心室有許多「兒茶酚胺」（Catecholamine）的受體，其中也包括腎上腺素和去甲基腎上腺素。如果一個人的壓力值很高，血液中就充滿了這些物質。這些物質給心臟的刺激可以讓心臟的功能混亂，緊繃。另外，壓力荷爾蒙也有可能影響心臟內鈣的平衡。大部分的人都知道鈣是骨質的重要建材，它也對心臟律動扮演了一個重要角色。如果鈣的工作受到干擾，心臟就可能會失去節奏並引起抽筋。後果就是受到影響的心室擴大。

眾多心臟病受心靈影響極大，章魚壺心肌症只是其中之一。我們目前知道，心律不整（特別是前心室）、高血壓和冠狀心臟疾病後面都可能隱藏著心靈的問題。目前出現了一門新學科專門研究這兩個器官的交互作用：心理心臟病學連接了心臟內科醫學和心理學，也就是心臟和心靈之間的環節。不是做些觀察，而是觀察雙方的共同點。因為這個關聯的走向不只是從心靈到心臟，也從心臟到心靈。

心臟疾病也會帶給病人嚴重的心靈危機，導致巨大恐慌或是引發深度憂鬱直到可能自殺。例如曾經接受過心臟支架手術的人，雖然之後恢復了良好的心臟的功能，但是整個生病過程通常會對心靈留下巨大的影響。有時候在心臟手術之後，人們期待病人現在幸福快樂，滿足且沒有憂慮，畢竟一切都修補好了。但實際上病人在手術後常抱怨有死亡的恐懼，憂慮，擔憂未來，以及在手術準備室、加護病房的不安經歷和疼痛。

心理心臟病學也關注心靈的狀況。現在我們知道，如果有個受過訓練的心理醫師在一旁協助，病人在術後痊癒比較快。最好的治療是支持病人做個**成熟的病人**。因為病人不了解的東西會讓病人心生恐懼，這在心臟治療方面通常特別多，而且會阻礙病人康復。有些病人被困在純生理醫學系統中大範圍及部分不必要的檢查裡，我在治療過程中經常聽到病人說：「我不知道發生了什麼事。」也是因為健康醫療體系可藉此大撈一筆。

如果病人清楚認識身體的功能，並且知道什麼東西讓它們激動，什麼讓它們安靜，病人就會有掌控並發揮影響力的感覺。這樣會減少壓力、恐懼和所謂的「身體激動」，如心跳過速或心悸——可能會發生，但並不表示很危險。

我們這個時代的慢性疾病

知道了心（臟）與（心）靈的相契，也就明白，我們需要重新思考對某些心臟病成因的想法。心血管疾病是生理疾病中的第一名。如果它的原因比我們目前所假設的更常由心理因素引起，那怎麼辦？如果這個時代最致命的「冠狀動脈疾病」（CAD）的背後原因是心靈，那會如何？

單單在二〇一四年，德國就有將近七萬人死於這個慢性疾病。長久以來它被視為一種耗損性疾病。每個人的心臟都被細微血管的網包圍，這張網是由冠狀血管組成。隨著年歲增長，血管會越來越狹窄，因為血管內壁會堆積脂肪、鈣和膽固醇的混合物，醫生稱為「斑塊」（Plaques）。

冷靜地觀察身體內部血管，可以把它們想像成供應管線，但是有一個差別：它們不像城市的供應管線一樣僵硬。血管針對人體眼前的需要不斷做出靈活反應。平靜的時候，血管壁柔軟鬆弛；緊張的時候，血管會緊縮起來，以便將更多的血液快速打進器官內。因為斑塊而變狹窄的血管在這時候就會有一個問題：它們可能會變得很緊密，幾乎或是完全阻塞。這樣的情況很危險，心臟會因此得不到好的甚至完全得不到供血。情況較溫和的話會出現嚴重的疼痛，人稱「心絞痛」，是冠狀動脈疾病的典型症狀。病情進一步惡化到冠狀動脈完全阻塞就會出現急性的心肌梗塞，性命陷入危急。

幾世紀以來，冠狀動脈疾病似乎是文明社會和老年人的宿命。幾乎每個人都知道如何避免心臟病：不抽菸、健康的飲食、充足的運動。但是在目前已知範圍外還必須補充一項：有一個快樂的童年。目前已經證實，童年的不愉快經驗對冠狀動脈疾病的生成和病程，跟抽菸、不健康飲食和運動不足至少具有同樣的影響力。甚至可以提出與劑量有關的證明：童年裡越多不好的經驗，罹患冠狀動脈疾病的風險就越高。憂鬱症病人的冠心症病程明顯比心理健康的人快速，並且最後會導致心肌梗塞。明顯的憂鬱症得到心肌梗塞的風險增加會幾乎一倍。

這到底是怎麼發生的呢？

實際上原因不只一個，而是有很多個。一方面憂鬱症病患的壓力荷爾蒙常常比較高，心臟對此的反應如上所述。這是心理上的成分，另外還有行為上的因素，跟病人的行為有關。如第二章所述，有沉重過去的人傾向於運用不恰當的策略。他們常抽菸，酒喝較多，或者飲食習慣不好，太少做運動，有時候也少有良好的人際關係。換句話說，他們較容易累積到形成心臟病的典型危險因子。

威漢姆．布許（Wilhelm Busch）曾貼切地說過：「有憂慮的人，也有甜酒。」這句話出自十九世紀，但也適用於現代人。

題外話：ACE研究

在一九八〇年代中期，美國醫生文森．費利堤（Vincent Felitti）自認發現了寶藏：他研發出一個計畫，可以讓體重過重的人在短時間內減輕許多重量。費利堤分組照顧這些人，並且看著這些人的體重逐漸消失。費利堤有信心，不久會看到測試者達到理想體重，也找回快樂。這正是所有體重過重者的夢寐以求。

一個小組裡有一位年輕小姐減下遠超過五十公斤的體重。雖然短時間內維持住體重，但是很快又增重了，並在相當短的時間內變得比計畫開始前還重。費利堤覺得很納悶，他與這位小姐多次談話，她告訴他，在她瘦下來的那段時間被一個同事騷擾，讓她很痛苦地想起在孩提時代也曾經受過性騷擾。因此她又像當時一樣，拿起食物來解決問題。

飲食問題和體重過重常常被歸因為缺乏紀律。但是費利堤現在想問，飲食和體重過重是不是有一層完全不同的意義。他開始在其他病人的自傳中尋找，發現很多人在拿食物當作替代品之前，曾試著用大量酒精或抽菸來降低壓力和絕望的情緒。最後證明有一些測試者的主要問題根本不是過重，而是一直背負著童年的心靈創傷。

有些人吃太多，不僅是為了調節情緒，對某些人來說，體重過重也有作用，例如可能是一種保護作用。那位促使費利堤重新思考的年輕小姐告訴他，體重超重使她隱形並且不具吸引力，這正是她想要的：被忽視，不要再成為性侵的受害者。

不只是很多食物，而是體重過重本身有時候會是一種自我治療方法。這樣的情形可能常發生嗎？有人會想利用有害的行為幫助自己，對心靈下藥，但是又對身體和心靈造成後果？

費利堤提出的問題越來越多。幾年後他得到一個做大型研究的機會，與羅伯特・安達（Robert Anda）共同主導一項由美國疾病防治中心委託的研究。費利堤訪問了一間大型健保公司的一萬七千五百名被保險人。被保險人大部分是白種人，受過良好教育，來自中產階級和上層社會底層，年齡介於十九到九十二歲。

在做「童年逆境經驗研究」（Adverse Childhood Experience Study, ACE）時，他詳細記錄了受訪者的健康狀況，也針對這些人在童年是否遭遇過心靈創傷做詳盡調查，也就是調查他們是否受到過什麼程度的暴力、虐待或是忽視。對於任何形式的不好經驗都可以給一個ACE點數。

研究出現了驚人的結果。一方面，有過心靈創傷經驗的人非常多，幾乎有百分之六十七的受試者至少給了一個 ACE 點數。百分之十二點五的人，也就是每八個人中有一個人在童年經歷過四次或是更多次的心靈創傷。

另一方面，童年的心理創傷和成年後生理疾病之間的關聯十分明顯：有超過七個點數的人，罹患肺癌的風險提高三倍，心肌梗塞風險提高三點五倍。童年的心靈創傷如果達到六個或者更多，這些人的健康會受到很大的損傷，以至於平均壽命要比沒有這些可怕經歷的人少二十年。得到一個點數的受試者中有百分之二十患有憂鬱症，超過四點的人中甚至有百分之六十的人有憂鬱症。所有五個或是點數更高的人在服用抗憂鬱藥。

結果非常清楚：ACE 點數越多，健康情況也越差。下列行為方式和疾病似乎是由童年的心靈創傷造成的：

酗酒

COPD（慢性阻塞性肺病）

憂鬱症

- 藥物濫用
- 心臟病
- 肝病
- 婚姻暴力的風險
- 亂交
- 抽菸
- 試圖自殺
- 年輕懷孕

在ACE研究之前，大家最多知道心理的痛苦讓心理生病。但是自從ACE的研究結果公布後，更突顯出其他現象：心理痛苦也會讓身體生病。童年經歷過的心靈創傷會讓一生都有負擔，並提高了不同健康問題與社會問題的風險。目前人們對相互關聯的運作已有更多了解。

ACE研究在美國促成了一些改變，即使改變很緩慢。全國做活動宣傳童年心靈傷害造成的影響，並提高人們對此議題的敏感度。德國也多次研究不幸童年對健康的影響。到目前為止已經確認，冠心症的種子在童年就已經埋下。[51]

一些國家用參考 ACE 研究製成的問卷當作篩選方法，及早幫助有高風險的人。德國一些科學家製作了德國的版本，但是尚未全面使用。

衝動如何驅策我們

喝太多酒，吸太多菸，或是吃太多的人就是比較不能控制自己嗎？是的，沒有錯。但不是因為他們比較沒紀律，而是因為他們的神經生物系統不讓他們這麼做。

每個人不斷受到誘惑。或許是巧克力，或許是再喝一杯葡萄酒，或是在 Netflix 上接連看五集連續劇。每當我們思考「該或是不該」的時候，會有兩個系統在腦中啟動：伏隔核，也就是獎勵系統，以及在前額葉皮質的腹側被蓋區（ventrale Tegmentum）。我們可以這樣形容，一個說：「走，去做，一定很棒。」另一個卻認為：「不要，算了吧，這很不理智，最好還是不要。」一個不斷希望我們做舒服的事，另一個則希望我們不要做阻擋重要目標的事。兩者一直在爭奪主導權。

有些人的前額葉皮質，也就是理性的部分較常贏得勝利。也有些人的前額葉皮質常常屈居下風，因為它的發育較不完善。因為前額葉皮質在某些情況下可能會受損，例如在童年早期經歷過精神負擔，壓力荷爾蒙的持續火力會殺死正在成長中的細胞。

一個發育不良的前額葉皮質會讓人比較不能控制衝動。所以在爭奪主導權的戰爭中，結果會比較有利於獎勵系統。童年有過不好經驗的人不是行為不檢點，而是因為這些可怕的經驗深深影響了神經生物系統。

從心靈創傷到疾病的發展最能用

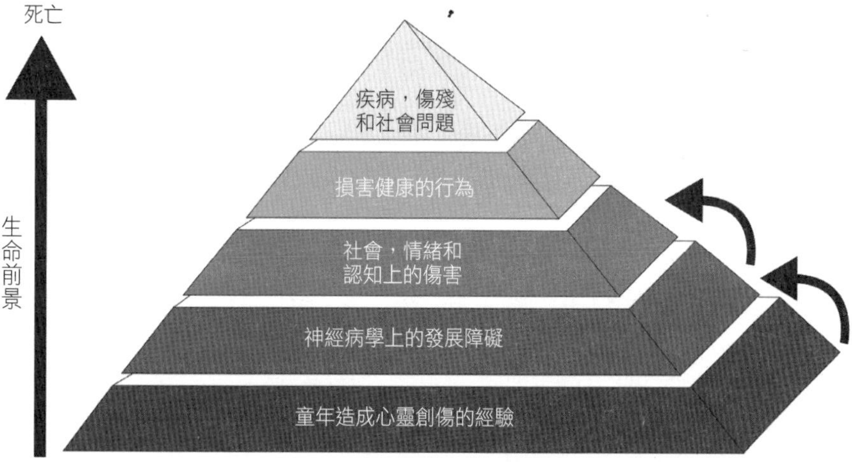

心靈創傷會改變生理，也就是神經系統的狀態。由此產生社會、情緒和認知上的傷害，進而形成損害健康的行為——一直到生病和提早死亡。

金字塔來表示。

儘管如此，行為不是形成慢性病的唯一原因。創傷本身看起來也會創造有利慢性病的條件。在極端的兒童受虐和被忽視的例子裡，罹患冠心症的危險提高了三點六個因素。如果在統計分析中考慮到飲食習慣、運動量、年齡和性別，數值只下降到三點一。一言以蔽之，主要的影響還是童年的心靈創傷。

研究還在努力解開這個機制的祕密，但是已經有了一些新認知。最重要的犯案人又是壓力荷爾蒙。劑量太高不只永久改變壓力軸，也會提高血栓形成的可能性，以至於血栓很快地形成，提高了心肌梗塞或是中風的危險。長期憂鬱症者的血管壁會改變，一方面血管在安靜時的擴張放鬆能力受到影響，另一方面血管變硬，容易得到動脈硬化，也就是一般說的動脈鈣化。在這種情形下，斑點特別容易附著，就此植下冠心症的根源。

心理對生物體的直接影響如此強烈，以至於其重要性在某些情況下比不健康的行為（例如吃太多）還要受到重視。研究中顯示，體重過重者 BMI 指數超過三十且沒有憂鬱症的話，其所提高的死亡風險不值得一提。但是如果他們有憂鬱症，死亡風險會提高到三倍。很顯然，憂鬱症對心臟來說跟不健康的生活方式一樣危險。

心靈和免疫系統

另一個與心靈交流且緊密合作的器官系統是免疫系統，但是這個事實沒有在我們的想法裡生根。很少聽到諺語如「我免疫系統上的一塊石頭落了地」。原因也許在於，免疫系統不像心臟處於中心位置，而是一個交織在全身各處的複雜網路。它把觸角、工作人員和電路分布在整個生物體中。

例如骨髓和胸腺控制特定的防禦細胞形成，脾臟儲存直接攻擊病原體的吞噬細胞，腸壁上有無數製造抗體的細胞，它們能辨認細菌和外來物質，加以標記、摧毀，並且能記住這個資訊，以便下次能更快做出反應。這只是少數幾個免疫系統的組織單位，除此之外，它還有一些能力被科學家拿來與腦相提並論：免疫系統可以記憶，有學習能力，能處理來自環境的刺激，有時候也會做出反射動作，例如它必須迅速對刺激形成抗原。腦和免疫系統在某些任務上不只很類似，也是不可拆散的夥伴，它們一直在互相交流、互相影響。

大部分人對免疫系統工作的想像比較簡單：細菌或是病毒進入身體，免疫系統察覺到，形成防禦細胞並保護我們免受感染。這只是一面，另外一面是：對於每一個覬覦健康的可疑物，免疫系統都會向腦報告。不僅因為腦是老闆，而是因為在狀況危急時十分有幫助。

當免疫系統向腦求助，它會通過一種名叫「白血球介素一」（Interleukin 1）的物質。白血球介素是訊號物質，當身體發炎時，會由我們的防衛系統分泌。不同的白血球細胞透過這個訊號物質溝通，並取得如何繼續防禦任務的共識。但是有一個人在監聽它們溝通，這個人就是腦。如果腦觀察到血流中有白血球介素一，它就知道：「啊哈，發炎。」根據介白素一在血液中的濃度，腦也會馬上知道發炎程度。現在腦可以也願意幫忙，例如讓皮質醇分泌。在這種情形下，皮質醇並不是在發揮原本戰鬥與逃避的功能，而是要阻止血糖下降。它讓葡萄糖，也就是容易吸收利用的糖，很快地從細胞排放到血液循環裡，因為身體現在需要較多能量。當我們發燒或是處境危險必須自我防衛的時候，這樣的反應很合理。有了額外的葡萄糖，我們得到了更多能量。但是在今天的現況中，我們不需要戰鬥和逃亡，因為威脅不再來自可怕的動物，而是重要的約會。皮質醇這樣的特性會讓我們發胖。因為我們不會用到這份額外能量，血液中多餘的葡萄糖就會啟動胰島素。胰島素會從血液中排除糖分，移到脂肪庫儲存起來。

皮質醇指數

當我們發燒，或是較長一段時間沒胃口，皮質醇會助上一臂之力。維持血糖只是其中一項，皮質醇另一個強項是調降免疫系統的反應。醫學也利用這項效果，壓抑免疫系統在過敏、發疹或是發炎時的過度反應。凡是必須使用含皮質酮（Cortison，也就是合成形式的皮質醇）藥劑或是藥膏的人都聽過醫生的警告：不要長期使用，要不然會有嚴重副作用。皮質醇就是這樣：一點點劑量的效果就非常好，劑量太多通常不好。這項原則適用於大多數人。

腦也不想有太多皮質醇，它會壓抑免疫系統來保護自己，免疫系統對發炎或心理壓力的反應就會稍微溫和一點。這雖然會降低皮質醇分泌，卻還會有另一個問題：我們無法對侵入者做出最好的防禦。這也是壓力讓我們特別容易受感染的原因。

另外一個可能造成問題的訊號物質是「白血球介素六」。它也會在發炎時被釋放出來，在高度心理壓力下也會。研究中指出，經年照顧家屬的人中，有部分的人的白血球介素六數值非常高。憂鬱症病人也有相同情況。白血球介素六不只是訊號物質，也是所謂的「促炎細胞因子」（proinflammatory cytokine），有導致身體發炎的特性。免疫活動又回來影響心靈。人們在疾病背後發現了所謂的「不適行為」（sickness behavior），常常讓許多病人和醫生束手無策。

病人會抱怨疲憊不堪、沒有胃口、睡眠品質不佳、悲傷和無精打采。面對這些症狀不是很特殊的病人很為難。長久以來這些症狀被視為身體虛弱的跡象。過去幾十年來顯示，這些類似憂鬱症的症狀是病體有目標性的適應行為，以便盡可能儲存能量讓疾病痊癒。虛弱的免疫系統和白血球介素六會推動這個過程。

這會導致我們感覺病得很嚴重，而且也真的會生病。如果白血球介素六因為慢性壓力長期在血液中循環，會損害身體細胞，促使細胞惡化，而且很矛盾地會抑制原本要保護我們的免疫功能。後果是引發慢性發炎疾病，尤其是老年出現的一連串疾病：自體免疫性疾病如關節炎、僵直性脊椎炎（Morbus Bechterew）、痛風和癌症。

有非常多疾病是由於心靈和免疫系統的溝通失調引起的，所以有一門新興學科專門研究：心理神經免疫學（Psychoneuroimmunology）。我們可以確定這門學科會為身心症帶來許多寶貴的研究資料。

一切都是想像？

這些悲劇每天在上演：人們抱怨背痛、肚子疼、頭痛或是關節痛，覺得疲憊和筋疲力盡，有心臟問題或是呼吸問題，消化道問題或是暈眩，卻沒有醫生能夠替這些問題找出明確的器官上原因。最後人們會聽到一個概念「身心症」（somatoform disorder）。身心症跟憂鬱症和恐懼症同屬德國最常見的心理疾病。

德國總人口中有百分之八十至少有過上述其中一種症狀，女性罹病的比例是男性的兩倍。通常這些疾病在一段時間後會自動消失，或是不被病患特別留心。但是有些人的症狀維持時間較長，嚴重影響到病患的日常生活。

如果在身體上不能確定任何病因，這些人到底有什麼病？有病都是他們自己想像的嗎？他們是不是太嬌弱了？錯，沒有一項是對的。但是他們會受到他人這種偏見危害，或是自己也開始這麼認為。

部分問題在於人類一直喜歡替疾病找到一個明確的原因：哪裡有疼痛，一定有一個原因。「真正」的原因像是受傷、骨折、發炎或是器官功能失常。但是身心症的原因跟我們用因果模型的想像完全不同，有時候疾病的開端會將資訊傳送到根本與它不相關的範圍裡去。

首先提幾個非常重要的數據：我們的感官「每一秒鐘」供給腦部將近兩千萬位元的資訊。但是在同一時間裡，腦有意識地只處理大約四十位元，所以身體內部和周圍環境發生的事只有極微小的片段會進入意識中。我們不只記錄環境給的訊息，也記錄身體內部發生的事。身體一直在活動，發出咕嘟聲、冒泡、跳動和消化，但是活動得很隱密，不會拿大部分的瘋狂工作來吵我們。我們在一張硬椅子上已經坐了很久，左半邊臀部的血管也許已被壓得很扁，但是身體不會大肆拉警報，只會很婉轉地傳來一個訊號，請我們稍微移動一下重量。事情只是順帶發生，通常我們自己不會意識到，不受干擾地繼續做需要專注做的事。這類事情每天都重複上千遍。

有時候身體內部某樣東西會溜進注意力的焦點，雖然沒有人特意安排，但是東西在那裡生了根，例如讓人精神負擔特別沉重的情況會導致這種事情發生。某個人即將要在很多人前做一個重要報告，光是想到報告，身體原本就會出現以下正常反應：心跳加快，身體緊繃，或是胃部收縮。這種情況還會添加一個被稱為「體感強化」的因素。壓力和恐懼會讓人在這個狀態下更傾向注意自己的身體。加強觀察自己也會改變對身體不舒服的感知，這種感知也被稱為「體感覺」。這表示，感受到的強度會增強，而且常常讓人誤判。

某人平常可能不留意自己的心跳，但是胸腔的劇烈跳動突然讓他感到不安。他問自己：「這還正常嗎？不是什麼嚴重的事吧？」他馬上掉入注意力和擔心的漩渦，越注意自己的病痛，病痛就越強烈。

如果身上的病痛令他不安，他大多會做唯一一件有邏輯的事：他想追根究柢，並且去找醫生。如果醫生找不出原因，他的壓力不會減輕，反而會更加不安，他繼續尋求名醫，或是不斷轉診。病痛突然間在他的生活中扮演了一個很重要的角色，而且可能成為他的生活重心。

為了不讓病情惡化，許多病人開始保護自己，避免體力活動以減輕痛楚或是避免增加心臟負荷。也許短期對身體有好處，長期卻讓身體狀況每況愈下，產生更多或是新生出不舒服的感覺，或是其他心理疾病。長期的身體疾病會讓心靈吃不消。

無由來的疼痛

最常見的身心症是不明的疼痛。不明的疼痛特別討人厭，因為特別在有疼痛時，我們期待知道一個明確原因。這跟我們對疼痛形成的想像有一點關係。

疼痛在第一眼看起來相當簡單。我們踩到一個釘子，因為每一公釐的皮膚上有上千個痛覺感受器，釘子刺到皮膚的地方會讓我們有痛感。但事實有點不一樣：產生痛感的地方根本不在刺傷處，而是在腦裡。我們的痛覺矩陣有一部分是在邊緣系統，確切地說在「前扣帶迴皮質」，也在「島葉」。另一部分在頂葉的腦皺褶裡。這個皺褶也被稱為「體感覺皮質」（Somatosensory cortex），這裡就像一張心靈地圖，每個身體部位都登記在這張地圖上。

感謝體感覺皮質，我們才知道身體哪裡疼痛。前扣帶迴皮質和島葉的神經活動則告訴我們痛感有多強烈。

在有些情況下，痛楚跟產生原因的關聯非常小，而是跟腦處理傳來的刺激的方式有關。大腳趾和痛覺矩陣之間的神經傳導線路並不如曼漢姆和斯圖加特之間的光纖網路來得穩定。它非常複雜，必須依靠神經傳導物質運作，完全有可能受到干擾，就像身體所有部位一樣。在特定條件下很有可能會出現一個無害的刺激接觸皮膚，腦卻覺得有人在剝我們的皮。

我們一直把疼痛想像成症狀，也就是疾病的表現。但是疼痛本身也可能成為疾病，可以沒有明顯識別的原因就出現，或是透過原本微不足道的刺激引起，卻成了強烈痛感的唯一成因。這時很多人開始走上尋找正確原因和治療的不歸路。

有些病人看了十幾次醫生，甚至動過好幾次手術，直到最後才發現出問題的是心靈而不是身體。每三個有背痛和肩頸痛的人當中，就有一人的原因是憂鬱症和焦慮症。

我們不需要家庭醫生也能理解疾病的成因。在這個充滿壓力的時代，有背痛不是什麼新鮮事。我們緊張的時候會肌肉緊縮，僵硬的肌肉會疼痛，於是我們採取保護姿勢，然後一切更形惡化。

這是個簡單例子。還有一個目前學界正在研究的：被霸凌的人，他們常常會抱怨背疼、肩頸痛。但原因不單純是因為壓力引起的肌肉緊繃，上面提到的扣帶迴皮質也明顯扮演了一個角色。加州科學家在幾年前發現，[52]如果人們感覺受到排擠，這個部位就會啟動。這裡的神經細胞對社會隔離的反應就跟對痛感刺激的反應完全一樣。所以可能有些人雖然是心靈受到傷害，卻是身體感受到痛楚。

身體出現不明疼痛還有一個可能。在正常情況下，造成疼痛的原因一旦被治癒，痛楚也就會消失。實際上它不一定會完全消失。我們的身體有時候會把疼痛記起來，就像一個不好的記憶。每個身體都擁有一個疼痛自傳，或說是疼痛記憶。讓人印象深刻的現象可以在所謂的「幻肢痛」上看得很清楚。波昂大學醫院的一個研究顯示，[53]身體接受過截肢手術的人，百分之七十五仍然受到已不存在肢體的疼痛所折磨。一方面是因為軀幹內「失業的」神經不斷受到刺激，而痛感記憶還記得截肢前和截肢時所產生的痛感，並繼續提供痛感的資訊。

例如直到目前仍是謎的疼痛疾病「纖維肌痛」（Fibromyalgia），人們猜測是上述因素的混合物。對病患而言這是一種折磨。病人肌腱的附著處，有時候也在肌肉上，有特別敏感的觸壓點，也就是所謂的「壓痛點」。雖然無法找出器官上的原因，但是只要輕觸這些點就會引起強烈的疼痛。根據現在的看法，纖維肌痛被認為是身心性風濕疾病。實際上有很多病人有憂鬱症。但是在很多例子上，我們很難說哪個原因最先出現，是疼痛還是悲傷。因為這兩個因素互為因果，並彼此強化。

每個慢性疼痛都是壓力源，又可能再引起疼痛的肌肉緊張。這是一個惡性循環，疼痛會延續下去，並讓病患絕望，讓他們常常抑鬱寡歡，得上憂鬱症。

有時候疼痛對人來說還有一個作用：他獲得關注，並受到別人的照顧。別人也許會接手他的工作，讓他可以卸下責任，減少負擔。所以認真地看待疼痛並找出它的來源很重要。因為疼痛真的對一件事有好處和用處：讓我們注意到某件事。

也許不是讓我們注意到生理上的疾病，因為我們已經花很多時間在尋找原因並無功而返，疼痛可以讓我們注意到完全不同的東西。注意到我們的心靈。

認真看待心靈的必要

有時候心靈讓人覺得它好像可以任意而行，其實它只做學過的事。有時候疼痛帶我們走向一趟刺激的旅程，走向我們自己，去面對所有最想閉上眼睛不看的東西。心靈還會一再搖醒我們，強迫我們認真看待它，關注它，有時透過內心的痛苦，有時透過身體疾病，有時候透過兩者。

如果想讓生命再度明亮起來，就必須面對自己最黑暗的一面，並深入探討它。這聽起來有點像好萊塢電影，但是這個理論比我們想的還要豐富。它有神經病學上必要性。出發點是腦裡的一個功能單位，它與邊緣系統和心靈緊密結合：這個單位叫「前扣帶迴皮質」（Anterior cingulate cortex），方便起見也叫它ACC。心理治療研究學者克勞斯・葛拉威曾經仔細研究了ACC，並得到一個結論：當我們感受到任何一種「不一致」的時候，這個單位就會活躍起來。「不一致」可能是我們置身的棘手情境，一個衝突，也可以是疼痛或是心理負擔。葛拉威確信，ACC 有一個非常特殊的任務：它不僅記錄下不一致的狀況，它的任務也在於將人們的注意力轉移到不一致情況的根源上。ACC 應該幫我們找出，哪個人或是什麼東西造成這個棘手情況。這件事很重要，因為我們對掌控有基本需求。知道了痛苦根源所在就可以面對它，發展出一種健康態度，並藉此贏回對情況的掌控。

很可惜卻常常辦不到。特別是憂鬱症患者有時候會陷入一種狀態，他的 ACC 對刺激完全沒有反應。至今仍不清楚為什麼它的功能受到這麼強烈的抑制，但是在這種情況下，它似乎會阻止我們有意識地面對困難。憂鬱症病患雖然在反芻思考自己的問題，但是無法深入問題核心，也無法用自己的力量找到解答。

根據葛拉威的理論，如果一個人對不一致情況的反應常常是壓抑，也就是如果我們一直不斷否認，推延問題，將大事化小小事化無，而且不做建設性的思考，ACC 的工作也會受到阻礙而癱瘓。壓抑這條路徑就會強過 ACC 原本希望我們做的事：探究和掌控。被壓抑沒有解決的問題就會反過來，一直用心靈或生理痛苦影響我們。

不去探究問題所在，也許短期內可以免於辛苦，卻剝奪了我們有意識觀察問題的重要機會，無法找出自己承擔責任的方法，也剝奪了讓自己更好、再度掌控自己生命的契機。

大自然特別花心思想出一個功能單位對心靈耳語：「去尋找並關注那些傷害你的東西。」可別把指示當成小兒科。

第5章

平衡

——心靈如何找到支柱

治療：航向自己的冒險旅行

探究自己很辛苦。這麼做值得嗎？即使我真的寧願做點不同的主張，但問題的答案是絕對值得！

許多人在對抗和受苦，壓抑和抵銷，努力用某種方式有效地拯救自己，而且跌跌撞撞。也有很多人勇於踏出決定性的一步接受專業協助，但常常為時已晚。雖然心理疾病已有非常多有用且特別成功的治療方法，但是人們還是會忍受心理和生理病痛好幾年，甚至幾十年。他們默默承受自己的狀態越來越差，直到走投無路。

我們頭腦裡一直存有偏見，不想「當一個不能獨立掌控生活的人」。我們不笨、不瘋，也不困乏。但是這些態度通常已經構成心理障礙。很多人必須從童年或是青少年開始學習自力更生，也許是因為得不到可以信賴的助力；父母因為工作，負擔過重或是生病而無法給予關心與支持。或者因為依附者獨斷獨行，所以他危險、不可靠，不少時候為害甚鉅且毀人不倦。許多人認為必須要成為堅強的榜樣，而一個堅強的個性代表不需要別人幫助，即使他知道這麼想會讓自己受苦。他會說「我必須獨力完成」，「我不能成為別人的負擔」。這些話反映出有些人對自己非常嚴格。

尤其在那些把乾淨完整外表看得比個人還重要的家庭裡，人們發展出「單打獨鬥」的求生原則，並謹遵這些嚴厲的話。替自己求助對他們來說很荒謬，如果有這種想法，常常會被貶抑為最大的失敗者。

其實我們可以用完全不同的角度來看：每個跨越診所門檻的人，都表示了他可以想像一個對自己更好更健康的生活。對他來說，關心自己是值得的，因此也能鼓起勇氣走出這一步。對此我獻上全心的敬意！

治療向來不輕鬆，往往在初期非常痛苦，會遇上一些我們完全不希望發現的東西。非常有可能在治療過程中體驗到悲傷、絕望、憤怒和無力，也會懷疑接受治療是否真的是正確的決定。

但是我不斷體驗到，如果病人為自己的生命負起責任而不是得過且過，他的負擔就會減輕，也會替自己贏得影響力。接受過治療的人會比較認真對待自己，對自己和別人的行為更有尊嚴。有個人曾經這樣描述：「我覺得我好像變了一個人，成為一個更自由的人。」

了解自己如何運作、感覺和反應，就表示擁有了自己的使用說明書，也可以把這份說明書傳給別人。這意味著，我們不用再感覺到無力和無助。治療不會讓我們成為另一個人，但是有可能讓我們找到一條更健康的途徑，教我們面對這樣的自己。但是治療到底如何有效用？

效用

怎麼治療？好吧，有兩個人在對話，之後其中一人擺脫了心靈創傷。透過說話？

這種方式啟人疑竇，完全可以理解。世界上沒有其他治療是透過說話治療病人的。雖然如此，心理治療毫無疑問是治療心理障礙非常有效的方法。

這不是我的個人意見，因為我每天在診所裡都能體驗到心理治療的效果，這幾十年來的研究也在鑽研治療是否能發揮效用，如果可以，又是如何發揮。有所謂「結果研究」在研究心理治療到底有沒有效。也有「過程研究」在觀察不同的治療方法，以便判斷哪個方法最為成功。

如果能像商品檢驗基金會一樣簡單介紹最好的方法就好了。但精采的是，結果研究直到今天都沒有得到很明確的結果。

我們現在就進入愛麗絲夢遊仙境的童話，做一趟短暫旅行。

渡渡鳥假設

在《愛麗絲夢遊仙境》的一個情節裡，愛麗絲和一群形形色色的動物比賽賽跑。規則並不是很傳統：每個動物可以在一個圈子裡隨意亂跑。半個小時以後，在故事裡舉足輕重的渡渡鳥大喊比賽結束。參賽者現在當然都想知道誰贏了。渡渡鳥好好地思索了一番，最後宣布：「每個人都贏了，每個人都可以得獎！」

渡渡鳥在心理治療研究裡也扮演了一個角色，因為多年前心理治療比較研究的一項綜觀研究結果提出「渡渡鳥假設」，引起了熱烈關注。這個假設之所以得到這個名字，是因為它在評定不同心理治療過程時，跟童話中的渡渡鳥得到相同結論：「所有參賽者都贏了，並且都能得獎。」在這個背景下可以說是：「所有的治療形式都贏了，所有的治療（或多或少）都對病人有幫助。」

這怎麼可能？但如今我們基本上都明白了。

治療元素

每當治療滿足特定的「治療元素」，看起來就有效，不管病人是去做心理分析、巫師，還是原始吶喊療法。腦科學家暨神經生物學家格哈德．羅德（Gerhard Roth）描寫了治療元素的四因子：

1.病人和心理治療師之間必須存有信賴。病人必須認同治療師的能力，並且相信治療師有決心幫助他和支持他。治療師也必須對病人的疾病有真切的興趣。

2.治療在一個範圍內進行，有一個合適受認證的療養院給病人一個避難所，避開日常生活中的責任要求和干擾，並散發出科學治療技術的光。也許許多診所看起來相當傳統，有兩張面對面擺好的舒服椅子，或者在做心理分析的時候有一張紅沙發。每個人都能想像：就算治療師再好，如果診所在一個幽暗、氣味陳腐的地下室，絕對無法散發出「科學治療技術的光」。診所也不可太乏味，因為冷色會造成距離感。暖色則會拉近距離感。

3.治療的基礎是一個詳盡的治療理論或是一個治療神話，而它們植基於人類天性樂觀的哲學上。這可以給予病人一個模式，以解釋個人的障礙和進行的治療方法。

4. 治療遵循治療計畫進行，由治療師跟病人一起制定，其中包含治療目標。特定的措施由病人和治療師一起執行，或是單獨執行。

治療聯盟

治療要成功，除了所有這些治療元素之外還一個更重要的東西：工作聯盟。心理學家也會說「治療聯盟」。指的是病人和治療師之間在信賴、安全、可靠和正向關係方面的專業連結。

病人遭遇的第一個難題就是要對診治者產生信賴感，也就是信任他的能力、做法和來往方式。另一方面，診治者也必須有能力掌握病人的情況，並且有同理心，與他產生共鳴。也許聽起來有點老套，但是透過互動確實會在治療中產生本質上的東西：治療該有的作用機制一旦被建立起來，無論決定採取什麼樣的治療都會有效。為了瞭解這個機制，我們必須再一次回想腦的工作。

神經細胞的可塑性

過去我們是這麼想的：腦特別是在童年成長發育，然後在青春期再一次大改變，但是到了某個時候定形，之後就只會退化。幸好我們現在知道事情完全不是這樣。

腦從來沒有停止改變。可以說，直到死亡前它都沒有發育完成。生物本能讓腦可以經由學習、經驗和環境裡的新條件不斷改變自己和適應。神經學家把這種特性稱為「神經細胞的可塑性」。

觀察物種發展的歷史就知道不可能出現別種情形，正是神經系統的適應力帶我們穿過幾百萬年的演化來到現在。腦要停止這項能力是非常奇怪的。

接受治療就會讓這種機制發揮作用。因為心理障礙症不是單純少見的人格變種，通常是由於腦中的網絡、結構和進程出現錯誤連結，這是因為特定的經驗、思考和行為方式長期大量影響腦，讓它產生了改變。

接受治療的病人會得到大好機會和可能性：如果有可能往一個方向發展，那也可以往另外一個方向發展。我們能透過治療中獲得的經驗，將腦神經細胞重新連接或另做鋪設，然後從中發展出不同的行為、感覺和思考。

幾年前人們還把治療想像成一種消除。有理論主張，帶來精神負擔的經驗可以透過面對而加以「消除」。如今理論修正過了：很可惜沒有心靈橡皮擦。即使想法很吸引人，但是壓在心頭上的經驗和經歷不可能輕易抹去，但是可以在這些經驗上覆蓋東西，或是重新學習。他們不會消失，但可以用正面和更強烈的經驗和態度覆蓋在上面，直到新的經驗受到重視。

每一次神經促進（Neural facilitation）的先決條件和開端就是要刺激這些要被鋪設的神經傳導路徑，而且要持續不斷地給予刺激。病人要獲得的新想法、新感覺和新行為必須時常被喚起。

對自己不好的看法「我一無是處，是個魯蛇」也可以在治療下藉由練習新行為來收集正面經驗，如此便有機會獲得對自己較有建設性的看法和信心，取代舊有的看法。「我已經盡力了，我這個樣子很OK。」這樣的改變主要是透過行動產生，不是透過思考。行動會大幅度正面影響思考和情緒。

鋪平一條新的路之後，舊的道路就長滿野草了。這件事同等重要，而這就是治療的工作。我們可以把治療過程比喻為道路，它鋪上了瀝青並且經常被行駛。如果不再有人使用這條路，大自然就會將它回收。

在最好的情況下，治療還會帶來重要進展：如同第三章所述，在有焦慮症和憂鬱症的人身上常常會發現過度活躍的杏仁核。研究中顯示，當病人讀到描述他們痛苦的句子，這個部位會特別活躍。參與研究的人面對痛苦事件時會很情緒化，從神經生物學的角度來看，他們完全沉浸在其中。他們在治療十五個月後再度接受檢查，受影響的大腦區域跟控制組相比幾乎沒有差別。腦的這塊區域在經過治療後安靜下來。而且治療師和病人之間的關係越好，治療過程也就越順利。為什麼？

原因在於，關係良好的治療聯盟可以啟動一個核心需求：依附關係。大部分有心理障礙症的人在依附關係中有過不好的經驗。治療中，他們的依附關係需求會重新受到刺激，病人會體驗到可以靠自己的力量建立並維持依附關係，這個經驗必然能影響到其他情況。友善鼓勵的話語，互信互賴的交流，共同歡笑和扶持，以及非言語的交流如關心、眼神、手勢或是表情會刺激控制腦內啡、血清素和催產素的系統。這些現象在交換祕密時也會出現，而治療會交換很多祕密！

催產素不僅會讓人一時之間感到舒服，效果還很持久。它還能啟動其他幫助心靈復健的因素，產生連鎖反應：促使內源性類鴉片分泌，進而減輕心靈和生理的痛苦，並明顯降低壓力荷爾蒙的釋放。病人不但會覺得壓力變少，身體也變輕鬆。在這樣的狀態下，病人較容易從有威脅的經歷上移開焦點，並越來越能放下對無望情況的反芻思考。病人不再那麼關注痛苦，情況出現了正向發展的循環，一切漸漸變得輕鬆簡單。

另外，內源性類鴉片和血清素分泌會促成「基底核」（Basal ganglia）裡面形成新的神經細胞，讓我們能更容易「超越」舊有經驗。基底核調控重要的功能：運動技能、認知能力和邊緣系統，並用預先思考和形成期望來逐步計畫。在最好的情況下，計畫不會再掉入跟以前一樣的災難，而是出現在用信心改寫過的新軌道上。

自我治療

鋪展新的神經結構並不容易，特別是那些給人壓力和逼迫的結構。它們的路徑很強勁，而且還會自動發展。某人察覺到自己的問題，想用自己的力量去改變，他雖然有很好的感知能力，但還是會不斷墮入強有力的結構中。所以書籍市場上有許多輔導個人發展的勵志書，提供上千個好方法，但是幾乎不可能長期靠一己之力落實在日常生活中。搭配治療師會容易成功許多。

費用：醫療保險公司和它負擔的費用[54]

治療的種類很多，醫療保險只會負擔三種效果得到最好證實的的治療方法。

行為療法

我們不斷思考、感覺和行動，不論是否有利。我們一直期望得到最好的，結果卻事與願違。即使我們想要正向思考也做不到，依照別人的期望與呼籲還是做不到。「別一直想得那麼負面！」很多病人都聽到這樣的建議，但就是做不到。這個治療法的核心是以我們的作為為主。然而不是這麼簡單，而是用行為治療協助病人發展出一個有益健康的行為，這個行為會跟舊有習慣迥異。新的行為刺激我們，思考和感覺也會變成正向，符合病人自己以及周圍愛他的人對他的期望。他的行為會調整到符合他在治療開始時訂定的目標。

我們認為，如果是基本信念、基模、基本需求受侵害、評價和經驗造成了心理障礙症，我們必須先了解它們。每個人的痛苦都有個人原因，所以必須挖掘出來。這像是偵探的工作，包括做診斷檢驗、症狀檢驗和症狀特徵檢驗，並分析棘手的情況。無論發現了什麼都很重要，就像讓病人理解他如何、為什麼、為了什麼變成現在這樣同等重要。

接下來的一大步是感知和意識到我們對自己與他人的看法、對自己的評估模式的看法，以及我們怎麼看待不斷由此產生出來的結論。我們的行動是以這個結論為根據的，這也是為什麼有時候我們會得不到最好的結果。

於是治療工作重點在讓病人把不同情況下感知到的東西創造出新東西來，情況要包含生活中所有領域：想法與有關評估、對自己和他人的態度、看法、感覺和行為衝動。透過行為練習、傳授調節緊張情緒的放鬆技巧、好奇心和許多次的嘗試，病人能夠學會新的、適當的、有益健康的行為模式。嘗試新事物是每日功課。

若要改善引發焦慮的情況，接下來會做面對問題的練習：有時候「在感覺上」（*in sensu*），也就是用想像，或者「在活體上」（*in vivo*），也就是在實際生活中面對問題。這些練習能讓病人對與大範圍恐懼連結的棘手情況不再敏感。焦慮感會降低，內心的體驗和信念會改變。譬如可以達到一個人輕鬆坐在咖啡館裡享用咖啡的目的。

隨著時間練習下來，病人會得到樂趣，並且會自己設計以前覺得困難的功課，讓自己去嘗試。信心會大幅增強，自傲感與發揮作用的感覺在內心擴散。

一個穩定、可靠、關懷與支持的醫病關係對這樣的練習非常重要。因此行為治療特別重視這層關係，會給病人很多空間和時間來發展這個關係，因為只有在這層基礎上，人才會面對棘手的問題並為此做練習。醫病關係就像一張安全網，可以在緊急情況下接住病人。

短時間後通常就出現好的轉變。然而還是要注意，不能給舊有結構任何空間，因為它會不斷想要再贏得上風。並且要強化健康的自我照顧效果，直到病人再度成為「自己的主人」。

病人覺得這種治療形式具體有力，因為他們自己可以發揮影響力，也能掌控狀況。另外，內在與外在的過程容易理解領會，讓他們有安全感。有一套整理好的模型解釋個人的心理障礙如何形成，什麼情況會讓障礙延續，哪一種誘因特別狡詐。資源會被挖掘出來加以運用，促使練習能達到期望中的改變。

治療為期三個月到三年之間，視會談的間隔以及批准的會談次數而定。通常一個星期做一到兩次治療。治療師和病人面對面坐著，開誠布公地互動。事前會仔細討論要做的練習，會一起或是由病人獨自練習。

行為治療基本上有兩個方向。「標準的行為治療」有固定的計畫或是針對個別障礙的方案，例如給邊緣型人格障礙症的「辯證行為治療」，給社交畏懼症的「社交能力訓練」。第二個方向是「融合行為治療」，病人會被當成內心體驗和生命表現的整體來看待和理解，並且能解釋給病人了解。

我是行為治療師，這個方法令我信服，每天也看到這個方法的成效。我也很高興個別學派不再像以前一樣壁壘分明。來自深層心理學和心理分析等不同看法現今也可以融合進來，給予病人莫大的幫助。

病人自己可以發揮影響力，病人可以成為自己的治療師，然後逐漸獨立，這正是我樂於參與、發揮創意和協助的地方。能聽見下面這句話最讓人高興：「李蒙小姐，我覺得我不需要妳了！」

心理分析

心理分析一直還在追隨佛洛伊德的原始理論。做心理分析的時候就是不停地講下去，我這麼說絕對不是對心理分析不敬。病人會描述浮現在腦中的事，內心感知到的東西。分析師不會評價或評論病人的敘述，但是會詮釋。他會注意病人說了什麼，如何敘述，以及病人面對他的行為舉止。然後在治療過程中會產生一種模式，從這個模式中可以看出病人如何對待自己和別人。

病人被稱為「接受精神分析者」，躺在傳統的紅色沙發上（當然不一定一直是紅色的）。分析師坐在病人後方，這樣就不會有眼神接觸。他用「均勻懸置的注意力」（gleichschwebende Aufmerksamkeit）傾聽，並告知他在心理分析過程中所獲得的認知。

治療通常為期三至五年，平均有三百個治療時數或更長。會談安排要嚴格遵守，一星期大約三到五次。病人的改變出現得比行為療法來得緩慢，以至於精神分析的費用會被醫療保險公司留意。

目前所有學派的共同點是，童年發展對以後的人格養成有決定性影響，心理障礙症和行為失常的原因常常可以在童年找到蹤跡。

深層心理學

佛洛伊德的心理分析在幾十年發展中像一棵老樹開枝散葉，形成許多分支和後續發展。深層心理學是其中一個分支。這個學派假設「動力潛意識」是心理疾病的一個主要因素。它的論點是，人內心有許多心理過程是潛意識的。過程中「動力潛意識」的部分被視為「無邏輯」，自相矛盾以及（或者）時間上混亂無序。

在治療中會發掘並仔細觀察潛意識的衝突，這也會決定病人跟心理治療師的關係。用深層心理學工作的治療師會幫助病人找出心理疾病的潛意識因素，也協助病人解決這個衝突。以這種方式讓病人過著較健康，較無心理負擔的生活。

會談要求病人必須對治療師高度地坦白和信任。衝突檢視沒有時間上的限制，包括童年或幼兒時期以及當前的衝突。病人和治療師的工作目標明確，治療目標和重點由病人和治療師在治療前和治療期間一起協商。病人和治療師面對面坐著並相互交流。治療時間長度不一，介於三個月和三年之間，視單一會談的間距而定，一星期通常有一到兩次會談。

治療時的觀察重點不是**症狀**，而是**對原因的深層觀察**。在有利的條件下，例如以尊重為出發點的關心、真誠和接納下，病人的後續發展指日可期。

門檻：治療途中的障礙

我們現在知道治療有幫助，而且醫療保險公司會支付三種治療方法。至少理論上是如此。理論上法定健康保險有醫療的義務，是由社會福利法規定的。根據這項法律，每個病人都能自由選擇醫師，同樣也適用於心理治療師。但不是所有的治療師。

大部分在尋找治療機會的人認為，只要診所招牌上掛著「心理治療師」就可以獲得法定健康保險的給付。但不是這樣。「心理治療師」的頭銜並未受到保護，只能有限度地說出治療者的資格。

受到保護的頭銜有「心理學心理治療師」（PP）和「兒童青少年心理治療師」（KJP）。他們的身分等同醫師，這表示，在他們那裡病人可以用健保卡跟醫療保險公司結算，就像看耳鼻喉科醫生一樣。理論上就講到這裡，現實的情況複雜得多。

可以跟法定健康保險結算的心理學心理治療師數量有限，這還是很有禮貌的說法。更具體地說，這樣的治療師太少了。不是因為治療師本身人數太少，而是法定健康保險醫師執業位子的分配被法定健康保險醫師協會的委員會嚴格控制。有些同業甚至搬到別的邦以便取得一個執業位子。心理學心理治療師當然也可以在沒有執業位子的情況下開業，但是他們就無法跟法定健康保險結算費用。他們只可以治療私人健康保險的病人，或是那些願意且有能力自費接受心理治療的病人。因此對病人來說，想要得到「法定健康保險心理治療師」的治療是一個很大的挑戰。很多人奮力爭取，這個行為本身已經是一種很重要的治療效果，他試圖在為自己和健康負責。

特別是在大城市和人口密集區有許多法定健康保險的治療師，而法定健康保險醫師協會認為已經為人民提供足夠的心理治療的機會。實情如果真是這樣就好了，那就不會有六個月或是更長的等待治療時間。法定健康保險治療師有義務對有治療興趣的病人提供所謂的「門診時間」。第一次會談主要是做診斷的初步釐清工作。心理治療的指導方針規定病人有義務要做第一次會談，不論之後能否繼續接受治療。

但是對法定健康保險的治療師而言，第一次會談卻不是後續治療的必要條件。所以有時候病人必須多次對新的治療師敘述他的現況，部分的生命歷程和負擔，讓治療者能夠做出診斷的判斷。

這種形式的入門治療對病人是個極高的門檻。有時候甚至會造成二度傷害，讓情況嚴重惡化。因此，在第一次會談時要小心對待自己和造成負擔的資訊，不需要馬上將所有戲劇化主題攤在桌面上。病人在這裡要保護自己，內心必須准許自己決定提供多少資料。

選擇心理治療師該注意的事項

病人在這裡應該好好留意。第一次會談的目的不只是讓心理治療師觀察病人，也可以反過來。重點在於互相認識，尤其是病人應該問自己：我能信賴這個人嗎？我覺得自己被了解嗎？我相信他的治療方式嗎？他關心我嗎？

因為並不是所有的心理治療師都真的有同理心。一位女病人在第一次會談描寫受到父親性侵十五年時，聽到心理治療師說：「妳不要小題大作！」創傷已經過了四十五年，在心理治療師看來似乎已經可以化成小事，對病人的心靈而言卻絕對不行。這位女病人甚至想告這位治療師，但是她沒有力氣。花了一年時間，她才有勇氣再尋找新的治療師。

我認為呼籲的作用不大，因為它是口令，不屬於治療內容。但是在這裡我容許自己做一個呼籲：請小心對待自己，讓第一次會談在安靜中進行，以便感覺你在治療中是否覺得舒適安全。不是每一個治療師都適合每一個病人。對一個治療師說「我不想要」完全沒有問題。不需要多做其他解釋，更不用為自己辯護。治療師如果感覺到不能跟病人形成治療聯盟，同樣也會拒絕治療。

在第一次會談中，法定健康保險治療師的任務是確認病人的狀態是否能讓他等候治療，或者有必要馬上做危急處理。治療師什麼時候有固定的門診時間，可以向法定健康保險打聽。

除了法定健康保險的治療師之外，醫院的特別門診也可以做危急處理。要穿越層層醫療保險體系對一個病人來說真的不容易，更何況病人的健康已經有嚴重負擔。他需要協助來處理所有形式上的流程。在尋求治療中要求法定健康保險盡義務幫助，這已經是病人走向為自己負責、健康生活的第一步。不退縮不是一件簡單的事，而且病人常常缺乏信心。為了得到治療，病人常常會出現負擔加重的惡性循環。

對一些人來說，由於疾病很嚴重，他們幾乎不可能花長時間費盡心力來尋求治療師。他們的症狀常常嚴重到幾乎什麼事都不能做。罹患重度憂鬱症的病人早上能夠起床、梳洗和準備早餐就已經值得嘉獎，因為所有事對他們來說都極為困難。有些焦慮症病患幾乎不能打電話，離開家門，搭乘公車或捷運。打起精神做事，培養對未來的信心，相信有好轉的希望，這些都不是有憂鬱症和焦慮症的人所擅長的。

需要緊急協助的人可以去醫院的精神科急診，或是找心理急救服務。

藥物：毒品和「快樂丸」

許多曾受過心理障礙折磨的人都夢想能吃一粒藥就讓一切恢復正常，製藥工業應該也有同樣的夢想。根據世界衛生組織（WHO）的報告，全世界大約有三億五千萬人有憂鬱症。藥廠有三億五千萬個潛在顧客。

這行業的暢品之一是所謂的「血清素再攝取抑制劑」，縮寫SSRI，來自英文名稱「選擇性血清素再攝取抑制劑」（Selective Serotonin Reuptake Inhibitors）。名稱清楚說明了這個制劑的運作方式。

藥物運作方式後面有個很吸引人的邏輯。還記得第一章內容的人知道，我們的情緒依賴神經傳導物質工作，以及這個小小的訊號物質如何透過神經細胞傳達消息。這個過程決定我們是快樂、悲傷還是憤怒。訊號物質中經常帶著「我很好，我很放鬆」的消息在身體遊走的是血清素。如果生產的數量太少，或是神經細胞上的受體太少，我們對消息的感受就很微弱，或是完全沒有。

SSRI透過不同機制促進身體製造更多訊號物質，並讓神經細胞傳播它的消息。這本來是個完美的主意，只可惜不是在每個人身上都能運作。就算對藥物有反應的人，也要先等上幾星期才會出現預期的效果。當醫師讓病人「適應」正確的藥物時，病人還是需要運氣和耐心，而且並沒有成功的保障。我們不能期待SSRI會讓人「快樂」。我認識很多病人拒絕服用藥物，因為他們不想以人工的方式讓自己「快樂」。

我有罹患憂鬱症的病人在服用讓心情開朗的藥物後，較能輕鬆處理日常生活瑣事，並且更有信心觀察與內心體驗抗爭的辛勞。他們覺得自己在行動上更有影響力，並因此獲得強化，這會形成正向循環，慢慢地能將自己拉出憂鬱的谷底。

病人可能會覺得是藥物促成改變。其實不是藥物的功勞，它頂多創造了一個化學條件，讓病人有動機去參與改變。藥物應該幫助病人再度有能力重回日常生活。

如果能有這樣的功效，藥物是一個很大的助力。

有時候情況卻是這樣，病人並不能從藥物上獲益，而是在服用後得到雙倍的痛苦。預期的效果沒有出現，反而出現了額外的打擊和無助。有的病人出現不受歡迎的明顯副作用，導致好效果被抵銷。

因為通常要用「嘗試錯誤」的原則來尋找藥物，有些人找不到適合的藥物。有些人必須長時期試用不同藥物，這對病人來說真是個壓力測試。就怕最後的結果令人沮喪，沒有藥物對他有用。

憂鬱症病患中大約有百分之二十對 SSRI 沒有反應，因此病人對服用精神科藥物大都抱持懷疑，但這樣是好的。抱持懷疑表示自己願意負責，畢竟是病人服用藥物，不是開處方的醫師。

基本上來說，單純服用藥物卻不做心理治療對心理障礙的病兆沒有多大助益。因為藥物不能治癒心理疾病。憂鬱症是由於精神負擔大的生活情境造成的，世界上沒有藥物能修補這種情況。但是藥物可以幫助病人撐過壓力特別重的情況，讓情況比較能忍受，病人較能面對治療過程。

科學界也有在研究新的有效物質。有些物質雖然已經很老，但是人們重新發現它們具有驚人的效果。

氯胺酮：新的萬靈丹？

有些心靈痛苦嚴重到難以忍耐幾星期等待藥物發揮紓壓效果。因此製藥業者和科學界現在非常激奮，因為目前研究的藥物似乎能達成不可能的任務：立即的減壓效果。

其中一種物質叫做氯胺酮（Ketamine），俗稱K他命。這個有效成分早就為人所知。美國軍醫在越戰時期就已經用它做止痛劑和鎮靜劑，麻醉和急救醫學也早在使用。它的應用範圍似乎有明確的界線，也許就是因為這個原因，研究者花了較長時間才在偶然中發現它對憂鬱症病患有神奇效果。

過去至少服用過一種流行的抗憂鬱藥物沒效的重度憂鬱症病人，在第一次服用氯胺酮二十四個小時後，症狀就出現了明顯的改善。有報導指出，一些重度憂鬱症好幾年的人每天都在考慮要結束生命，在服用氯胺酮之後，消沉的情緒就煙消雲散。短時間內又重獲生活的樂趣。

美國藥物管制局目前以加快的程序審查氯胺酮是否能正式成為治療憂鬱症的藥

物。柏林夏里特醫院現在也在研究，如何並以何種形式使用這種有效成分。

賽洛西賓：魔菇的本事更大

另一個引起轟動的物質不是無名小卒。人類服用它已有幾十年，它叫做賽洛西賓（Psilocybin），是菇類的有效成分，也以「魔菇」之名聞名。嬉皮很喜歡食用，它一直是派對上很受歡迎的迷幻藥。

在兩個最新的研究中，研究者也確定了塞洛西賓的效果，一個研究主持人稱之為「反向的創傷後壓力症候群」[55]：病人在監控的臨床條件下服用純粹的有效成分後表示，他們十足敬畏這個成分。他們變得充滿活力，深受感動，甚至在幾個月後仍然能感受到效應。

病人每兩次治療（其間間隔一星期）會得到塞洛西賓的膠囊。介於三十到六十四歲的六位女性病人和六位男性病人平均已有十七點八年的憂鬱症，但是傳統藥物不見效。經歷過心靈創傷的人在很長一段時間後仍然會有揮之不去的陰影，塞洛西賓顯然能引起相反的反應。

另一個研究又往前邁進一步。研究者的目的不僅在研究出能對抗心理疾病的藥劑。[56]他們主要想找到一個藥劑來對抗因為身體罹患重病而產生的病痛。例如罹患癌症的人常常還會有焦慮和憂鬱。研究開始時提出一個問題：如果病人已經飽受身體疾病折磨，我們難道不能至少減輕他們的心理負擔嗎？或許他們的身體狀況會因此獲得改善？

研究結果顯示，只要一劑塞洛西賓就能達到效果。兩個研究塞洛西賓的團隊都得到類似的治療成效，各有大約百分之八十的測試者在服用塞洛西賓後感覺到健康和生活品質改善。研究參與者雖然還是對死亡有恐懼，但是較能夠從容地面對死亡。他們一般的生活態度變得積極，而且精神提高，影響了整體健康。只要病人同時接受心理治療，在六個月後還是有藥效。

MDMA：對抗心靈創傷的旅程

科學家也研究了同樣以派對毒品聞名的物質MDMA，得出非常類似的結果。MDMA結構上屬於安非他命一類的化學物質，是上一代搖頭丸（Ecstasy）的成分。現在名為搖頭丸的毒品含有完全不同的有效成分。

現在MDMA在美國即將獲得許可，用做治療創傷後壓力症候群的藥物。因為

MDMA能發揮到目前為止其他心理藥物做不到的效果。有些人受的創傷很深，無法談論經歷過的可怕遭遇，也無法做完特別的創傷治療療程。

然而MDMA似乎能讓病人轉變成為能接受治療的狀態。病人的恐懼會減少，對治療師會更有信賴感。整體來說，他們會進入正面的情緒心理狀態，較能夠探討自己的心理創傷，忍受浮現出來的痛苦情緒。另外，他們對創傷事件的記憶也得到改善，因此常常能產生完整的印象，也不再被印象控制。

氯胺酮（K他命）、塞洛西賓（魔菇）和MDMA（快樂丸）都是廣為流傳的毒品，這也完全佐證了心理受苦的人會嘗試用毒品來治療自己的理論。常施用的毒品中有幾樣物質真的具有潛力。儘管如此，這不是在呼籲大家吸食毒品！在醫院醫師審慎觀察下施用仔細斟酌劑量的純粹物質，這樣的條件跟派對上來源不明的混充物完全不一樣。

即使有些研究結果充滿希望，但是這些新的有效成分將來也只會用來減輕急性的心理痛苦，並讓病人能夠接受治療。我們還是要探究心理障礙的成因，這仍然是最重要的事，而且盡量要跟那個最了解個人障礙的人一起努力。

治療師的專門領域

許多治療師在接受訓練時就已經特別受到某個障礙症吸引，並希望能專精投入研究。某些治療師樂於治療人格障礙症的病患，有些人特別能和有焦慮症、強迫症或是有心靈創傷的人溝通。對各種障礙都有一連串治療方法，每個治療師都可以針對這些方法接受額外訓練。治療師經過多年訓練，掌握的方法越來越多，對病人很有益處。

例如針對人格障礙症有所謂的「基模療法」，針對邊緣性人格有辯證行為治療法，治療創傷後壓力症候群可以接受「眼動減敏與歷程更新治療」（Eye Movement Desensitiziaion and Reprocessing, EMDR）的訓練。

如果某個人已經得到診斷證明，也就是他知道自己得了憂鬱症，焦慮症或是人格障礙症，留意治療師的專長在選擇心理治療師的時候很有幫助。病人會有較大的安全感，認為自己可以得到最好的治療。

我很早就對心理心臟學感興趣，所以碩士論文就在研究心臟繞道手術對病人心理和生理的影響。許多病人表示，這個手術帶來的強烈感覺和經歷讓他們留下深刻印象，造成精神上的噩夢，並對未來產生憂慮。

雖然我在那時候沒有做病態心理的診斷檢驗，但是我覺得病人受到很嚴重的心靈創傷。因此我的第二個治療重點幾乎是自然而然產生：心靈創傷治療。另外也顯示，冠心病病人的人格特質除了對罹病有重大影響，也會影響復原。心靈創傷、人格特質、身體感覺——三個領域互相制約，所以要把它們當成整體一起治療。對此我一直很著迷。

眼動減敏與歷程更新治療：影響深遠的大發現

從二〇一〇到二〇一二年我完成了所謂的「眼動減敏與歷程更新治療」培訓。不用手術刀就能從外面改變腦的結構，把折磨人和有破壞性的訊息傳導路徑變成友善的健行步道，這想法對我來說一直很有吸引力。

這個方法的主意源自一九八〇年代末期，年輕的美國人弗朗辛・夏皮羅（Francine Shapiro）在散步時偶然有了這個新發現。在這個時刻，夏皮羅正面臨了一個嚴重危機，因為她診斷出得到癌症。

夏皮羅沿著林蔭大道走了很長一段路，這幾天來第一次感覺比較好。向來人們認為散步會讓人感到舒服，但是夏皮羅感受到更多。她覺得已經接受了自己得到癌症的事實。雖然生命的威脅仍在，夏皮羅感覺現在可以用不同的角度觀察，沒有了折磨人的痛苦，精神緊繃也消失了。夏皮羅不願意接受事情發生就是這樣簡單，她一定要知道改善情況的原因。直到某個時候她才明白，關鍵不是散步時看到的**東西**（花，石頭，樹木），而是觀看的**方式**。

當她集中注意力思考疾病造成的生命威脅時，她的眼睛沿著路上的樹木來回移動，且不斷重複同樣的方向：右—左—右—左。夏皮羅是心理學家，心中突然閃過一個念頭，這個動作讓她想起睡眠時的「快速動眼期」（Rapid Eye Movement, REM），一個仍然滿是謎團的睡眠階段。

長久以來，人們認為是腦部的高度活動引起眼球運動，因為我們正有很多夢。現在我們知道事情正好相反，是眼球快速來回運動活化了腦。它引起大腦兩邊的雙側刺激，以看不見的方式在左右兩邊大腦之間流動。我們的腦似乎需要這種狀態來處理事情並放鬆自己。但是這種放鬆跟全身滿是披薩碎屑，懶洋洋躺在沙發上不一樣。我們的腦喜歡在受刺激的狀態下放鬆，就好像在做瑜伽或是慢跑。只有在這個時候，腦才會切換成加工模式，開始重新組織經驗，儲存記憶，並鞏固記憶內容。

當我們舒服地躺在床上睡覺時，腦利用這個機會好好地進行清理工作。它愉快地哼著歌，清理過去一天的瑣事，甚至會清理很老舊的回憶，把它跟腦袋裡亂七八糟的明天計畫混合在一起。

如果大腦有壓力，它常常無法安眠。我們會失眠，或是在夜裡醒來好幾次。我們左思右想，睡眠的快速眼動期時間會變少或是完全沒有。尤其在我們急需清理工作的時候，大腦重要的加工處理機制反而被隔離開來，無法執行任務。

夏皮羅在自己身上發現一種類似睡眠時的快速眼動期，可以在清醒的時候重現，她思索著要在實驗者身上做測試。她求助於一群人，當時沒有人像他們一樣受到創傷後壓力症候群折磨：越戰的退伍軍人。

那個時候越戰已經結束了十五年。對很多人來說，這已經是過去的事，但是對那些經歷過越戰的人而言，越戰還是繼續無情地在他們的腦袋裡打下去。這場戰爭不只讓上千人的身體受傷，還有很多人帶著受傷的心靈歸來。沒有人能幫助他們，非常多人用毒品和酒精當作藥物來幫助自己「遺忘」。那時沒有明確的治療方法可以治療他們的心靈創傷。

夏皮羅第一次拜訪越戰退伍軍人中心時，她很震驚：她遇見的人在越戰結束這麼多年後，還日復一日經歷戰爭最殘暴的一面。他們不斷出現倒敘，那些不宜儲存在腦中的回憶片段，連同畫面和痛苦情緒不斷彈射在腦中。他們仍身處在戰爭中。

面對這些猛烈的心理影響，夏皮羅的方法看起來有點天真。她伸出食指和中指坐在這些老兵面前，引導他們的眼睛來回移動以模仿快速眼動期。此時病人應該要有意識地回想痛苦情況。

有意思的事情發生了：退伍軍人的壓力在幾次治療之後就明顯下降。倒敘的情形和突發的恐慌減少。腦在雙側刺激下，似乎真的把記憶內容做了不同的歸類，病人得到了舒緩。

眼動減敏與歷程更新治療在德國

二〇〇六年，心理治療的科學諮詢委員會認證眼動減敏與歷程更新治療（EMDR）有科學基礎，適用於成人的心理治療。二〇一三年也認證這個方法適用於兒童。長久以來已經用於治療創傷後壓力症候群的住院病患，法定健康保險在二〇一五年開始正式給付成人門診的個別治療費用，但只准許用來治療PTSD。

姑且不論這項政策，我的態度跟眼動減敏與歷程更新治療國際協會（EMDRIA）

一樣，障礙如焦慮、恐慌，疼痛、上癮或憂鬱的病人雖然沒有達到 PTSD 的診斷標準，例如出現倒敘情況，但是大部分病人同樣受到重大事件折磨，完全可以當成心靈創傷看待。如果生命受到的威脅，不論是心理或生理，都屬於心靈創傷，那我可以說，幾乎我所有的病人都有心靈創傷的經驗。

對於其他的病兆如憂鬱症、焦慮症和恐慌症、慢性疼痛，經歷失去後的強烈悲傷和上癮，EMDR 是個快速且有希望的治療方法。

運作方式

那它如何進行？

EMDR 治療一開始要整理出整個心靈創傷的主題。它有一個清楚流程是為了雙側刺激做準備。在描述過程中，無論病人對負擔沉重的情況有什麼記憶，都要連同他對事件的態度、內心畫面、身體感知和情緒一起整理。病人和他的所有感知都要置放（不是身處！）在負擔沉重的情況裡，雖然他安然坐在治療室的椅子上。我在他對面，用手指左右移動來刺激病人的雙側大腦，正如夏皮羅發明出來的方法。流程有一定的架構。在每一段連續刺激過後，病人因此產生的感知、情緒、身體感覺、想法和內心畫面會被當作下一次連續刺激的出發點。這個流程會一直重複到病人主觀上不再感覺到負擔為止。

這個治療絕對不能自己嘗試，而是要在受過訓練的治療師協助下進行。治療結束時，病人面對創傷事件的態度會減輕，內心也輕鬆了，例如會說「我現在安全了」或是「我現在可以應付了」。

圖像重寫和再處理療法

EMDR不是治療創傷後障礙的唯一方法。所謂的「圖像重寫和再處理療法」（Imagery Rescripting and Reprocessing Therapy, IRRT）也逐漸鞏固了地位。名字看起來也許有點複雜，卻導出一個人類記憶形成的簡單理論：記憶比我們想像的還活躍。每回喚起一個記憶，基本上都會稍微做點修改。如果把記憶想像成一個巨大的書籍檔案室，我們不是把一本書拿出來，看完書後把它放回原來位置。不是，每次喚起一個記憶，我們會無意識地用今天獲得的知識和經驗來修改這個記憶。這尤其會牽涉到關係到我們自己的書，也就是自傳。

記憶像是被修圖軟體修改。有些記憶會透過濾鏡表現得很浪漫，或是強調特定的輪廓。我們在記憶的邊緣畫上小花和蝴蝶，或是畫得比實際更晦暗。我們把細節推到中心位置，或是讓其他細節褪色消失。在這裡或那裡寫上幾行字。記憶中出現缺口，也會自以為合理地填補起來。

當我們說話的時候，也一直在加工處理自己的一小部分自傳。IRRT就是特別使用這個原則。因為記憶動力是個很大的機會。透過記憶動力，我們可以把心靈創傷的記憶內容與新的意義連接在一起。例如我們覺得無助或是無力的情境，可以和「我撐過了」相連結。

用IRRT治療的時候，病人首先必須謹慎喚起負擔沉重的記憶。接著是決定性的一步：病人替記憶補充一個出口或是能減輕負擔的詮釋。例如有人打過我們，虐待我們，我們可以在事後給當時還是小孩的我們支持和安慰。可以在這個痛苦記憶上補上幾句話：「當時對待你的方式不正確」和「一切都過去了」。

兩個重要系統海馬迴和杏仁核藉此重新找到彼此。海馬迴得到活化，杏仁核則得到安撫。我們重新得到更多掌控，減輕過度的恐懼。如果能將原始情況和一個新態度與新感覺連結在一起，原本連結在一起的感覺如恐懼、罪惡感、無助感或是羞愧就會消失。經歷過的人生篇章雖然還是檔案裡的一部分，但是我們可以補充幾行字，例如：「我經歷過一些可怕的事，但是現在我已能與它和平共處。」並且把它放到另一個書架上。

替一個記憶加上新的評價與徒勞地用壓抑來隔離記憶完全不一樣。雖然永遠無法忘記生命中可怕的篇章，但是可以基本地改變記憶中對自己的想法。

提高對心靈創傷的敏感度

只要負擔沉重的情況或想法如影隨形，我們很難想像生活可以獲得改善。只能說，生活不會再跟以前一樣，但是這樣也好，因為這讓我們最終去找治療。事情會變得不一樣。而我的病人都知道：「不一樣可能更好。」

我在這裡說的發展，是指病人藉著心理治療所達成的改變，例如重視自己和留意自己，謹慎地再度與人接觸所帶來的喜悅，以及能掌握自己選擇的行為策略。

德國商品檢驗基金會二〇一一年的線上問卷有四千人參與，得出下列結果：四分之三的受訪者表示，治療開始的時候他們有「大的」或是「很大的」心靈包袱。治療結束後，百分之五十七的受訪者表示心靈負擔獲得很大的改善，並且將心理負擔評定為「微小」到「極微小」。百分之二十九的人形容他們有「中等」程度的負擔。總體來說，心理治療可以幫助病人舒緩心理苦痛並提高正面體驗。三分之二的受訪者描述在治療後有更多的生活樂趣，百分之六十三的人有更好的自我價值感，百分之六十一的病人更善於處理平日壓力。平日裡、工作上、家庭中和休閒時間的一般限制明顯減少。

病人在治療中勇敢面對自己的問題。他們學習了解自己，發掘關聯性和原因，學習感知他們周圍發生的事，認真練習對未來懷抱更好的感覺。病人需要為此付出很多力氣、能量和忍受挫折，因為不是所有努力馬上就能成功，而且也沒有成功的保證。因此，那些讓生命轉變的病人應得到更多尊敬、讚賞和喝彩。這是個非凡表現，讓我很感動，鼓勵我繼續充實治療工作。

心靈的保鑣

關係

心理學幾十年來不斷地研究，有些研究只有幾小時，有些幾個月，也有些研究長達好幾年。有一個研究從一九四一年開始一直持續到今天。我們可以理直氣壯地說，這是最令人印象深刻的心理研究，雖說還在進行中。

精神科醫師羅伯・瓦丁爾（Robert Waldinger）主導第四階段的哈佛計畫。他和前任的研究計畫主導人追蹤了七百二十四位男性的生活，到目前為止已經超過七十六年。每一年他們詢問參與者的工作、家庭生活和健康情形。六十位男性參與者還活著並參與實驗，大部分都已超過九十歲。二〇一五年瓦丁爾做出一個轟動的中期報告。從一生中對人有影響的所有事物中，瓦丁爾找出讓人更健康更幸福的最重要因素：與他人的良好關係。

即使實驗參與者在早期追求其他的價值，如幸福、成功和富裕，年老時他們承認，生命中最美好的是與他人的良好關係。

研究結果證實：寂寞程度超過自己所願的人覺得比較不幸福，健康惡化提早在生命中期出現，腦功能提前退化。他們比不寂寞的人早死。瓦丁爾用較激烈的口吻說：寂寞致死。

研究中也確定，跟別人的關係必須真的良好親切。瓦丁爾觀察到有些人雖然生活在一段關係裡，但是仍然寂寞痛苦。因此不是取決於朋友數量，也不是取決於是否活在一個固定關係中，而是取決於親密關係的品質。充滿爭端的依附關係對人有害。根據瓦丁爾的結論，不好的婚姻對健康的傷害甚至比離婚更大。

這個理論也受到心理心臟病學最新的認知支持。這是實實在在的研究結果，聽起來卻有點像言情小說。生命中對抗痛苦和折磨的良藥是「愛」。不是美好的感覺本身有療癒效果，而是身體的反應，最主要是催產素分泌。這個荷爾蒙會經過身體接觸和人與人接觸而分泌。催產素就像潤滑液，像是心臟與心靈的良藥。它能降低血壓、脈搏、驅逐恐懼感，並將我們和吸引我們的人緊密連結在一起。

直到前不久，我們以為已經知道所有分泌催產素的途徑。但是烏爾姆（Ulm）大學醫院的研究學者替這方面認知又增加了一個面向。他們發現，心臟顯然有自己的受體可以與催產素連結。更有甚者，在那裡還可以製造催產素。這真是太驚人了。

它可以解釋人們長久以來不斷遇到的古老矛盾。有時候談到戀愛，人們會感覺心和理智在交戰。這個譬喻一直用來形容理智與心靈的抗爭，幾乎已經成為慣用語。

事實上，這個感覺可能有生物上的理由。因為心臟有時候真的能贏得這場戰爭，因為它不會等頭腦接收到外來訊息才行動，而是自行其是。當有人撫摸、親切關心時，當我們做愛時，心臟會分泌自己的訊號物質，不會將腦整合進來，而是以近乎直接的途徑，不帶任何理智地反應。

許多心理學家和心臟科醫師認為良好的社會關係是讓心臟健康快樂的良藥。長期的研究顯示，伴侶或親戚的支持以及定期與朋友碰面會延長壽命。接納到心裡的人會成為心臟最強有力的保護。心臟就是需要愛。對於催產素，愛真的是良藥。

另一個在二〇一三年年底做的研究顯示，因愛結合的人平均壽命要比未婚的人高。男人大約多活九年，女人至少也有七年。

愛不僅對心臟有好處，對免疫系統也有正面影響。心理壓力會促進發炎過程，但似乎也能反向運作：正向的心理因素能降低血液中「促炎訊號分子」的濃度。這表示，心理健康對發炎有正面影響。

伴侶

可靠且正面的依附關係不一定要是愛情關係，也可以是跟同事、運動社團或是興趣同好的關係，能在伴侶之外給我們充實的生活。但是單就身體和性接觸的層面來看，愛情的雙人關係還是不一樣，感覺也不同。但是團體給我們力量，讓我們安定，帶我們向前走，身處在團體中感覺就是很好。不論是種花草社團或是機車同好俱樂部，我們需要歸屬感。人類對歸屬感的需求由來已久，無論你是哪種人。

靈性

二〇一二年有一則轟動的消息：腦神經學家發現了所謂的「神點」（God spot），這是指腦部的一小塊區域，當人們談到精神上的東西時，它就會閃爍。這則消息在短時間內帶來一些聳動的標題和討論，但是不久之後結果被修正。後續的研究顯示，當我們談論到上帝、信仰或是更高的存在意義時，整個腦部會涉入其中。

神點迷人之處在於它可能可以強化**對信仰的信仰**。每個人有不同的信仰，有自己的看法，對自己的信仰也有不一樣的期待。就算沒有任何信仰，也是一種信仰。

但是心靈無論如何都喜歡我們能有信仰。在超驗上有另一個故鄉的人（不論是哪一種都無所謂），較能夠克服日常生活中的艱難和威脅。帶來正面體驗的靈性能為我們準備好克服心靈問題的豐富資源。

美國心理學家亞伯罕．馬斯洛（Abraham Maslow）是第一批研究心靈基本需求的專家，他認為：「沒有超驗體驗，人會有暴力傾向，虛無主義，沒有希望，麻木不仁。我們需要比自己更偉大的東西讓我們敬畏。」[57]

據說有過神祕體驗的人，心理健康比一般人好很多。美國國家衛生保健研究中心的臨床心理醫師大衛．拉松（David Larson）有系統地針對信仰與心理健康的關聯，評估了中心所有在一九七八年和一九八九年之間發表的研究，得到了一個結論：宗教信仰在百分之八十四的案例中有正面影響，百分之十三效果中立，百分之三對健康有害。

有信仰者的健康習慣基本上比較好，他們較少抽菸，少喝酒，少吸毒。從團體中得到較多社會支持，而且在完整的家庭中得到較好的醫療照顧（先撇開濫用權力的弊端不談）。

甚至有研究指出，虔誠的人較少自殺。可能的原因有教區給予的社會援助，定期參加彌撒，以及內化的宗教性和靈性。在我的治療工作中遇到很多病人，他們認為信仰、靈性和治療的結合很有幫助。一位女病人描述禱告能撫慰她，並且覺得「她的」更高的力量接受了她。這對她來說是一種形式的依附關係，讓她在困境中不會感到孤單，對她有安定作用，並鼓勵她繼續接受治療。

信仰

特別是對治療成癮的病人，宗教和靈性扮演的角色十分突出。匿名戒酒會和藍十字架（酗酒者和毒品上癮者的自力救濟組織）的工作讓戒癮者為自己的行為負責，團體內互相協助，也求助於上帝。更高的力量給予我們安慰，和我們對話。如此就沒有依附關係的缺憾和孤獨，內心空寂和心靈創傷可以用不同的方式處理，而不是用酒精替代。匿名戒酒會計畫中的十二個步驟幫助了無數人克服上癮症狀，它並沒有宗教派別的先驗理念。相信世上有更高力量的存在，加上對一個團體的依附關係，體驗到自己有能力影響自己的生命。

不一定要相信有一個更高力量存在，只要能看到生命中的一個意義就足夠了。過著幸福生活的人，他們的所作所為滿足了他們的願望。沒有意義的生活感覺起來空虛沒有價值，並且常常導致對自己有負面看法。如果能為自己深信的東西而活，生命才會感到有意義。

人類大多在尋找全面整體的意義。如果他找到**值得**相信的東西，他會感覺到一致性。

冥想

坐下來，閉上雙眼，什麼都不做。這到底能帶來什麼？許多人帶著懷疑眼光看著做瑜伽的人、冥想的人，或是在公園裡打赤腳慢速做怪動作的人，還有那些在團體裡大聲唱「唵南嘛濕婆耶」（Om Namah Shivaya）的人。

有些朋友會帶著好戰態度歌頌瑜伽，讚賞瑜伽的效果。他們全都是瘋子嗎？至少最近科學研究很看重瑜伽。當人們冥想或是把臀部抬高，沉浸於「下犬式」時，到底得到了什麼效果？

發現的結果真的令人大吃一驚：冥想很顯然有能力重新塑造因憂鬱症而改變的大腦結構。科學家在許多研究中證明，每天練習冥想四十五分鐘，在八個星期後可以測量到海馬迴明顯增厚。因為長期壓力或是明顯的憂鬱症會透過高皮質醇傷害到海馬迴。[58]

這還不是全部：海馬迴的夥伴杏仁核也改變了。它跟著一起冥想，並且「放鬆」一下來，不會一直處於警戒狀態，並發出較少的恐懼訊號。

光是這個效果已經很巨大。但是要求高度精神力量的練習能達到更大的效果，它可以幫助感知身體的感覺、情緒和觀察想法，以便我們認出僵化的反應模式，讓我們能敞開心胸接受新的，或是其他可供選擇的看法和反應方式。

瑜伽可以獨自練習，或是在團體練習，附加好處是我們又可以與他人建立起關係和聯繫。在團體裡背誦或是吟唱咒語能產生不需要言語形容的共鳴。

精神上的訓練不僅能改善自我感知，也能改善自我調節。部分會自行發生，因為安靜和專心本身就會自動讓神經系統關機。另一部分我們自己可以辦到，我們可以學習更清楚地感知自己，認識自己，發展出另一種處理痛苦、焦慮、憂鬱或癮頭的方法。我們人類喜歡遵循一個座右銘：「不要無所事事地閒坐，最好做點事！」偶爾把這句話倒過來會很有幫助：「不要忙東忙西，最好坐著休息一會兒！」

心理衛生

早在一九〇一年，心理醫師卡爾．羅伯特．宋摩（Karl Robert Sommer）就已經創造了「心理衛生」這個名詞，甚至於一九二三年成立了一個委員會和協會，專門研究如何保護和獲得心理健康。之後在瑞士和其他國家也有設立心理衛生協會。它們致力於保護心理健康的實際任務。德裔瑞士籍的分析師海涅・孟（Heinrich Meng）在一九四五年於巴塞爾出任歐洲第一個心理衛生學教授職位。

社會上有健康指南、研究、方法、健康保險提供的講座、同業工傷事故保險聯合會和公司，它們都在研究如何預防疾病和事故，並藉此支持我們維持身體健康。但是幾乎都沒有給心靈的預防措施。瑜伽和慢跑本身並不負責心靈健康。我們有乳房攝影，腸癌預防措施，每年去看一次牙醫的人如果需要牙套的話，他可以得到補貼。但是致力維護心理健康的人不會得到補貼，因為沒有為心靈健康所安排的預防措施。直到現在仍然是如此，必須要等到傷害出現後，醫療健康保險公司才會覺得要對心理治療和康復負責。

我的願望是能像看牙醫一樣，一季一次治療性會談，需要的時候能盡快在選出來的治療師那裡取得後續診療的機會。我猜測，這樣能大幅度降低門檻限制，病人也不用經年受折磨。

我們日夜利用心靈，使用心靈，它不僅值得關注，還需要照顧。然而大部分的人幾乎都不知道自己可以做什麼來維持健康。心理衛生不只是一個概念，它是每個人可以培養出來的態度。對於心理衛生我有三個魔咒：**感知**、**留心**、**享受**，可以用來維持心理的抵抗力。

感知

我們感知到的東西很多，甚至連自己都不知道。這不該讓我們迷惑，而是應該搞清楚。我們的感知常常侷限於外來物，它們可能也在內心對我們有影響。而我們接下來迅速做的就是評價。感知練習可以提高我們的意識，描述在外面看到的東西和內心的體驗。但是先不做任何評斷！

有時候我會在公園椅子上遇見我的病人。他們坐在那裡，觀看、聆聽、感覺、感知。他們練習描寫感知到的所有東西。他們很專注，如果分心了，會再回到感知狀態。不做詮釋，不做比較。從基模和模式中走出來，進入個人所描寫的感知事實。重點在於，先接受東西的真實面目，並確定可以承受。內心的體驗以及所有不舒服的情緒都可以影響。聽起來比實際執行簡單，因為我們對事情的評價一直會插手進來干擾。多嘗試有益，可以讓我們獲取新經驗。第一次克服了「這是胡說八道」和「我也很好奇」兩者間的矛盾之後，也許你會發現呼吸變均勻放鬆了，身體也一樣。你最後還是會坐到公園的椅子上，一個人吟唱唵南嘸濕婆耶，但是已經沒有東西能打破你心靈的寧靜，你本身就是寧靜。

留心和享受

留心是尊重，對我們自己、我們的環境、其他的人事物，例如說食物。深思熟慮慢慢選擇食材，烹飪，用餐在日常生活中很難實現，卻可以當成一種練習。

這裡有一個簡單的麵包冥想練習。

買一個麵包，切下半片給自己。到一個安靜的地方，家裡或是不會受到雜音干擾的地方。請騰出時間來，並遵循下面的步驟練習：

——採取舒服直立的坐姿。

——把麵包拿在手上。

——閉上眼睛，均勻地深吸幾口氣，吐氣時間大約是吸氣時間的兩倍。

現在接下來所有事都要做得非常慢，並且注意你所感知到的所有東西。靜靜地為自己描寫，不帶任何評價。接下來所有步驟的中間都要休息一下，時間長短由你決定。

——觸摸這塊麵包，用手感覺它。
——用嘴唇、臉頰和其他部位感覺它。
——聞它。
——舔它。
——咬下一小口，讓它在嘴裡「盤旋」。
——慢慢咀嚼它，長長地咀嚼。
——如果你覺得夠了，就把麵包吞下去。
——接下來照著前面步驟進行，直到整片麵包吃光。
——眼睛還是閉著。感覺一下自己體驗到什麼，試著在內心對自己描述。
——如果是好幾個人一起練習，你們可以交換心得。

有可能你對麵包的感知自此有了改變。你當然可以用任何一種食物練習。用巧克力棒練習會很有趣，不過有些巧克力棒很甜，只能快速吃下去，這就跟享受無關了。祝你獲得許多樂趣。

還有其他適合促進心理衛生的練習，例如可以阻止想法和情緒糾纏折磨的練習。

停止技術

折磨人的想法在腦中無限循環鞭打我們的腦，負面想法禁錮我們，反芻的循環一開始無害，我們根本沒有察覺到開端。直到深陷其中才會察覺，到那時我們已經無暇顧及其他。

一位病人有這種經歷多年，他生動描述了個人的自我折磨思考模式：我坐在工作崗位上，專注於工作流程。我在處理法院的檔案，一個想法突然閃入腦中，就像一隻從後方襲擊的動物，它像熱溶岩般漫開，燒毀了腦中所有的東西：**你辦不到，到今晚為止，你絕對無法完成所有工作。**

原本一句「你辦不到」就足以啟動熔岩流動。所有接下來的想法完全自動開展：

我必須辦到。如果做不完，明天桌上會有更多檔案。我的速度太慢，別人處理的檔案比我多得多。每個人都可以看出來我沒能力。如果上司看到，會叮得我滿頭包。他早已經嚴密觀察我很久了。我不舒服，完全不能正確閱讀，字變得模糊不清。我的手大汗淋漓，人卻感覺很冷。我不能再做這份工作了，我是個徹頭徹尾的失敗者。

這還不是思考折磨的終點，但是我們可以看得很清楚，這種心理生理和生物化學的壓力過程是以「反射動作速度」進行。整個身心系統臣服在這個反覆循環下，把自己的掌控權交給任意出現的戲劇化情節。不能做什麼與之抗衡的感覺意味著任人擺布，無力。中斷這個過程就像是思考短路，是病人可以學習的。如果我從山上直線下滑，有必要在我撞上一間房子之前及時煞車。困難點是察覺到我正在往精神上的陡坡移動。在採取停止技術之前，有必要能察覺。在平坦地形上停止要比在陡坡停止簡單。感知可以實現。察覺開端。

經過幾次治療過後，病人能做到下面的動作：

工作量沒有改變。然後想法又彈射出來了：你辦不到，到今天晚上為止，你絕對做不完。

停止！

病人站起來，把視線轉向一幅為了讓自己安靜和減壓而掛起來的圖片。這幅圖片是哥斯大黎加的叢林風景圖，和這趟旅行與這張照片連結在一起的全都是正面感覺與回憶。他在這趟假期中也克服了一些挑戰，讓他很自豪。他專注在所有回憶上，就好像有一部美好的電影在腦中放映，而他有可能會贏得奧斯卡最佳男主角獎。他平靜地呼吸，這表示他將注意力轉移到回憶，並讓回憶結合目前的呼吸。然後把想法轉移到現在對他有好處的事情上。雖然他每次做的不一樣，但是已經多次嘗試各種有幫助和有效的事。他可以有意識地散步到茶水間，替自己泡一壺愛喝的茶。他的身體是安靜的，精神井然有序，杏仁核平息下來，心靈很滿足，而熱茶溫暖著胃。

練習，練習，再練習。

特別當某些事讓我們沮喪，重要的是我們曾經訓練自己去對抗。通常我們會觀察情況的演變，或是那個給我們壓力的人的改變，但事實上我們對他們的影響力等於零。我們不能改變其他人，只能有限度地改變成堆的檔案。人會經年累月地嘗試。有些婚姻結合甚至是出於一個瘋狂信念：「啊，我會讓他戒掉這個習慣。」我只能說：「絕無可能。」

但是你當然也可以打電話給朋友，約他出來做運動，端視什麼能讓你有正面想法。剛開始心靈通常是堵塞的，無法給予創意和好點子。這種內心的怠惰我們都懂。

我會給病人一張「愉快活動清單」，讓他們慢慢熟悉這個主題，並嘗試去做所有對我們有好處的事。這張表來自麥納施密德（Meinlschmidt）、施耐德（Schneider）和馬爾葛拉夫（Margraf）所著的《行為療法教科書》（*Lehrbuch für Verhaltenstherapie*），總共有一百七十九種可能。總有一種能行得通。

相信自己能影響自己是去除壓力的關鍵。及時對自己喊煞車是救命的自我救濟，思想和情緒上轉移，並重新評價自己內心的感受。這能強化自我價值感，對自己和對他人的態度。我們發展出一種正向循環，把自己從不好的狀態中轉移出來。治療中其實沒有發生什麼事，只是讓你成為自己的治療師。

結語

現在許多人越來越重視健康。我們在有機商店買食品，做牙齒清潔，在ＩＧ上記錄健身訓練成果。我們也照顧自己的所有物，把車子送廠檢查，甚至為咖啡機簽下維修合約。我們替自己做許多事，卻忽視我們的心靈。如果心靈受到保護和照顧，它會心存感激。我們應該替心靈簽下維修合約。

一些我以前治療過的病人這麼做。他們一年會做一到四次心靈檢查，為心靈升級。這會幫助他們維持學習到的穩定狀態。他們將自己的責任內化，和自己簽約，也就是不再忘了自己和他們最重要的器官。

前不久，網頁設計師瑪姮蓮・帕克（Madalyn Parker）一封寫給美國軟體公司老闆和工作同事的電子郵件上了新聞，她寫道：「嗨，同事們，我今明兩天待在家裡，好讓自己專注在心理健康上。希望我下星期回來的時候充滿清新的氣息，再度表現出百分之百的工作能力。」[59]

帕克的坦白得到老闆和社交網路的讚揚。這樣誠實的病假如此不尋常，所以成為了全世界報紙和網路的發燒新聞。一直帶著正面的基調，這是邁向正確方向的一步。也許不久以後，關心自己的心靈健康會變得理所當然，不再是什麼特別的事。因為人們終於找回對心靈應有的尊重。我希望這本書已經讓你更接受這個看法。

注釋

1. Roth, Gerhard, Strüber, Nicole: Wie das Gehirn die Seele macht. Klett-Cotta 2014.
2. 阿爾夫・拉姆西（Alf Ramsey），1963 年到 1974 年擔任英格蘭國家足球隊的總教練，帶領英格蘭隊在 1966 年世界盃足球賽上贏得至今唯一一座總冠軍。
3. 同注 1。
4. 同注 1。
5. 同注 1。
6. 同注 1。
7. Strüber, Nicole: Die erste Bindung. Klett Cotta 2017.
8. Oldham, John, Morris, Lois: Ihr Persönlichkeitsportrait. Verlag Dietmar Klotz 2007.
9. Roth, Gerhard, Strüber, Nicole: Wie das Gehirn die Seele macht. Klett-Cotta 2014.
10. www.sueddeutsche.de/gesundheit/psychologie-sensible-kinderwilder-loewenzahn-fragile-orchidee-1.1040879 資料擷取時間：18.10.2017.
11. www.spektrum.de/lexikon/biologie/beobachtungslernen/7982 資料擷取時間 19.10.2017.
12. Glaesmer, Heide, Brähler, Elmar: Die Langzeitfolgen des Zweiten

Weltkrieges in der deutschen Bevölkerung: Epidemiologische Befunde und deren klinische Bedeutung. Psychotherapeuten Journal 2011.

13. 同上。

14. www.welt.de/geschichte/zweiter-weltkrieg/article132502055/Millionen-Deutsche-leiden-an-Weltkriegs-Traumata.html 資料擷取時間 19.10.2017.

15. www.wissenschaft.de/leben-umwelt/genforschung/-/journal_content/56/12054/2553445/Die-Angst-schlummert-in-den-Genen 資料擷取時間 28.09.2017.

16. www.dasgehirn.info/grundlagen/kindliches-gehirn/wie-dieschwangere-so-die-kinder 資料擷取時間 19.10.2017.

17. www.br.de/radio/bayern2/sendungen/radiowissen/mensch-naturumwelt/epigenetik-erbgut-vererbung100.html 資料擷取時間 19.10.2017.

18. Schwartz, Steven: Wie Pawlow auf den Hund kam. Beltz 1988.

19. 同上。

20. Grawe, Klaus: Neuropsychotherapie. Hogrefe 2004.

21. 同上。

22. 同上。

23. Potreck-Rose, Friederike, Jacob, Gitta: Selbstzuwendung, Selbstakzeptanz, Selbstvertrauen. Klett-Cotta 2016.

24. Potreck-Rose, Friederike, Jacob, Gitta: Selbstzuwendung,

Selbstakzeptanz, Selbstvertrauen. Klett-Cotta 2003.
25. Grawe, Klaus: Neuropsychotherapie. Hogrefe 2004.
26. Roth, Gerhard: Bildung braucht Persönlichkeit. Klett-Cotta 2015.
27. Grawe, Klaus: Neuropsychotherapie. Hogrefe 2004.
28. Hollrigl, Tanja: Schematherapie und Persönlichkeitsstörungen. Diplomica Verlag 2010.
29. Roth, Gerhard: Bildung braucht Persönlichkeit. Klett-Cotta 2015.
30. Grawe, Klaus: Neuropsychotherapie. Hogrefe 2004.
31. Sachse, Rainer: Klärungsorientierte Psychotherapie von Persönlichkeitsstörungen: Grundlagen und Konzepte. Hogrefe 2011.
32. Oldham, John M., Morris, Lois B.: Ihr Persönlichkeits-Portrait: Warum Sie genauso denken, lieben und sich verhalten, wie Sie es tun. Verlag Dietmar Klotz 2007.
33. Sachse, Rainer: Klärungsorientierte Psychotherapie von Persönlichkeitsstörungen: Grundlagen und Konzepte. Hogrefe 2011.
34. www.spektrum.de/news/borderline-persoenlichkeitsstoerungemotionaler-ausnahmezustand/1455643 資料擷取時間 19.10.2017.
35. Grawe, Klaus: Neuropsychotherapie. Hogrefe 2004.
36. www.jogmap.de/civic4/?q=node/30621 資料擷取時間 28.09.2017.
37. www.welt.de/reportage/article137261639/Frau-42-erfolgreich-Und-trotzdem-Panikstoerung.html 資料擷取時間 06.10.2017.
38. Roth, Gerhard, Strüber, Nicole: Wie das Gehirn die Seele macht. Klett-Cotta 2014.

39. 同上。
40. Brisch, Karl Heinz (Hg.): Bindung und Sucht. Klett-Cotta 2015.
41. www.sciencedaily.com/releases/2017/01/170124140855.htm 資料擷取時間 19.10.2017.
42. Roth, Gerhard, Strüber, Nicole: Wie das Gehirn die Seele macht. Klett-Cotta 2014.
43. 同上。
44. Spielberg, Rudiger: Informationsverarbeitungsprozesse bei Patienten mit posttraumatischer Verbitterungsstörung. Dissertation 2006.
45. 同上。
46. Brisch, Karl Heinz (Hg.): Bindung und Sucht. Klett-Cotta 2015.
47. www.huffingtonpost.com/jeanpaul-bedard/something-that-almostwor_b_6343608.html 資料擷取時間 19.10.2017.
48. https://de.wikipedia.org/wiki/Rat_Park 資料擷取時間 28.09.2017.
49. www.spektrum.de/news/warum-wir-an-die-seele-lauben/1379699 資料擷取時間 28.09.2017.
50. Rüegg, Johann Caspar: Gehirn, Psyche und Körper: Neurobiologie von Psychosomatik und Psychotherapie. Schattauer 2006.
51. Spitzer, Carsten, Meyer, Thomas, Herrmann-Lingen, Christoph: Komplexe Traumatisierung und körperliche Gesundheit. Assoziation von Kindesmisshandlungen und koronarer Herzkrankheit. Psychotherapeut 2016.
52. www.wissenschaft.de/leben-umwelt/hirnforschung/-/

journal_content/56/12054/1146733/Soziale-Ausgrenzung-%C3%A4hneltk%C3%B6rperlichem-Schmerz/ 資料擷取時間 28.09.2017.

53. https://idw-online.de/de/news626545 資料擷取時間 28.09.2017.

54. 編按：書中談到的醫療保險、健保、心理治療師等相關情況都限於德國。

55. www.geo.de/magazine/geo-magazin/23964-geo-nr-06-2017-heilsamer-rausch 資料擷取時間 28.09.2017.

56. www.geo.de/magazine/geo-magazin/23964-geo-nr-06-2017-heilsamer-rausch 資料擷取時間 28.09.2017.

57. Stauss, Konrad: Bonding Psychotherapie. Grundlagen und Methoden. Kosel 2006.

58. www.deutschlandfunknova.de/beitrag/neurowissenschaft-wiemeditation-im-hirn-wirkt 資料擷取時間 28.09.2017.

59. www.berliner-zeitung.de/panorama/-mental-health--mitarbeiterinmeldet-sich-krank-und-erhaelt-lob-vom-chef-27955456 資料擷取時間 28.09.2017.

國家圖書館出版品預行編目資料

失控的心靈：那些讓我們焦慮、恐慌、憂鬱、自戀、上癮、偏執、過勞、依賴症、強迫症、社交恐懼、歇斯底里的運作機制與應對策略 / 莎賓娜．維瑞．封．李蒙 (Sabine Wery von Limont) 著；彭意梅譯 .
-- 初版 . -- 臺北市：商周出版：家庭傳媒城邦分公司發行 , 2019.11
面；　公分 . -- (Live & learn ; 55)

譯自 : Das geheime Leben der Seele : alles über unser unsichtbares Organ

ISBN 978-986-477-750-1 (平裝)

1. 人格心理學 2. 精神分析

173.76　　108017177

失控的心靈——那些讓我們焦慮、恐慌、憂鬱、自戀、上癮、偏執、過勞、依賴症、強迫症、社交恐懼、歇斯底里的運作機制與應對策略
Das geheime Leben der Seele: Alles über unser unsichtbares Organ

作　　者／莎賓娜．維瑞．封．李蒙（Sabine Wery von Limont）
譯　　者／彭意梅
責任編輯／余筱嵐

版　　權／林心紅、翁靜如
行銷業務／王瑜、林秀津、周佑潔
總 編 輯／程鳳儀
總 經 理／彭之琬
事業群總經理／黃淑貞
發 行 人／何飛鵬
法律顧問／元禾法律事務所　王子文律師
出　　版／商周出版
台北市 104 民生東路二段 141 號 9 樓
電話：(02) 25007008　傳真：(02)25007759
E-mail：bwp.service@cite.com.tw
Blog：http://bwp25007008.pixnet.net/blog
發　　行／英屬蓋曼群島商家庭傳媒股份有限公司 城邦分公司
台北市中山區民生東路二段 141 號 2 樓
書虫客服服務專線：02-25007718；25007719
服務時間：週一至週五上午 09:30-12:00；下午 13:30-17:00
24 小時傳真專線：02-25001990；25001991
劃撥帳號：19863813；戶名：書虫股份有限公司
讀者服務信箱：service@readingclub.com.tw
城邦讀書花園：www.cite.com.tw
香港發行所／城邦（香港）出版集團有限公司
香港灣仔駱克道 193 號東超商業中心 1 樓；E-mail：hkcite@biznetvigator.com
電話：(852) 25086231　傳真：(852) 25789337
馬新發行所／城邦（馬新）出版集團 Cite (M) Sdn. Bhd.
41, Jalan Radin Anum, Bandar Baru Sri Petaling, 57000 Kuala Lumpur, Malaysia.
Tel: (603) 90578822　Fax: (603) 90576622　Email: cite@cite.com.my

封面設計／李東記
排　　版／極翔企業有限公司
印　　刷／韋懋印刷事業有限公司
總 經 銷／聯合發行股份有限公司
電話：(02)2917-8022　傳真：(02)2911-0053
地址：新北市 231 新店區寶橋路 235 巷 6 弄 6 號 2 樓

■ 2019 年 11 月 28 日初版
■ 2022 年 02 月 15 日初版 1.8 刷
定價 480 元

Printed in Taiwan

 ISBN 978-986-477-750-1

廣	告	回	函
北區郵政管理登記證			
北臺字第000791號			
郵資已付，免貼郵票			

104　台北市民生東路二段141號2樓

英屬蓋曼群島商家庭傳媒股份有限公司城邦分公司　收

請沿虛線對摺，謝謝！

書號：BH6055　　書名：失控的心靈　　編碼：

請於此處用膠水黏貼

商周出版

讀者回函卡

感謝您購買我們出版的書籍！請費心填寫此回函卡，我們將不定期寄上城邦集團最新的出版訊息。

不定期好禮相贈！
立即加入：商周出版
Facebook 粉絲團

姓名：＿＿＿＿＿＿＿＿ 性別：□男 □女

生日：西元＿＿＿＿年＿＿＿＿月＿＿＿＿日

地址：＿＿＿＿＿＿＿＿

聯絡電話：＿＿＿＿＿＿＿＿ 傳真：＿＿＿＿＿＿＿＿

E-mail：

學歷：□ 1. 小學 □ 2. 國中 □ 3. 高中 □ 4. 大學 □ 5. 研究所以上

職業：□ 1. 學生 □ 2. 軍公教 □ 3. 服務 □ 4. 金融 □ 5. 製造 □ 6. 資訊
□ 7. 傳播 □ 8. 自由業 □ 9. 農漁牧 □ 10. 家管 □ 11. 退休
□ 12. 其他＿＿＿＿＿＿＿＿

您從何種方式得知本書消息？

□ 1. 書店 □ 2. 網路 □ 3. 報紙 □ 4. 雜誌 □ 5. 廣播 □ 6. 電視
□ 7. 親友推薦 □ 8. 其他＿＿＿＿＿＿＿＿

您通常以何種方式購書？

□ 1. 書店 □ 2. 網路 □ 3. 傳真訂購 □ 4. 郵局劃撥 □ 5. 其他＿＿＿＿

您喜歡閱讀那些類別的書籍？

□ 1. 財經商業 □ 2. 自然科學 □ 3. 歷史 □ 4. 法律 □ 5. 文學
□ 6. 休閒旅遊 □ 7. 小說 □ 8. 人物傳記 □ 9. 生活、勵志 □ 10. 其他

對我們的建議：＿＿＿＿＿＿＿＿

【為提供訂購、行銷、客戶管理或其他合於營業登記項目或章程所定業務之目的，城邦出版人集團（即英屬蓋曼群島商家庭傳媒（股）公司城邦分公司、城邦文化事業（股）公司），於本集團之營運期間及地區內，將以電郵、傳真、電話、簡訊、郵寄或其他公告方式利用您提供之資料（資料類別：C001、C002、C003、C011 等）。利用對象除本集團外，亦可能包括相關服務的協力機構。如您有依個資法第三條或其他需服務之處，得致電本公司客服中心電話 02-25007718 請求協助。相關資料如為非必要項目，不提供亦不影響您的權益。】

1.C001 辨識個人者：如消費者之姓名、地址、電話、電子郵件等資訊。
2.C002 辨識財務者：如信用卡或轉帳帳戶資訊。
3.C003 政府資料中之辨識者：如身分證字號或護照號碼（外國人）。
4.C011 個人描述：如性別、國籍、出生年月日。

請於此處用膠水黏貼